不一樣的中國史 7

楊照——著

從女帝到胡風，盛世裂變的時代

隋、唐

中國史是臺灣史的重要部分

歷史知識建立在兩項基本信念上，第一是相信人類的事物都是有來歷的，沒有什麼是天上掉下來或奇蹟所創造的；第二則是相信弄清楚事物的來歷很重要，大有助於我們分析理解現實，看清楚現實的種種糾結，進而對於未來變化能夠有所掌握，做出智慧、準確的決定。

歷史教育要有意義、有效果，必須回歸到這兩種信念來予以檢驗，看看是否能讓孩子體會、掌握歷史知識的作用。

不管當下現實的政治態度是什麼，站在歷史知識的立場上，沒有人能否認臺灣是有來歷的，不可能是開天闢地就存在，也不可能是什麼神力所創造的。因而歷史教育最根本該教的，就是「臺灣怎麼來的」。

要回答「臺灣怎麼來的」，必定預設了臺灣有其特殊性，和其他地方、其他國家不一樣，所以才需要從時間上溯源去找出之所以不一樣的理由。臺灣為什麼會有不一樣的文化？為什麼會有不一樣的社會？為什麼會有這樣的政治制度與政治狀態？為什麼會和其他國家產生不同的關係？……

所謂以臺灣為本位的歷史教育，就是認真地、好好地回答這幾個彼此交錯纏結的大問題。那麼歷史教育的內容好不好，也就可以明確地用是否能引導孩子思考、解答這些問題來評斷了。

過去將臺灣歷史放在中國歷史裡，作為中國歷史一部分的結構，從這個標準上看，有著明白而嚴重的缺失，那就是忽略了臺灣複雜的形成過程，特殊的地理位置使得臺灣從十七世紀就在東亞海域衝突爭奪中有了角色，中國之外的各種力量長期影響了臺灣。只從中國的角度，不看來自荷蘭、日本、美國等政治與文化作用，絕對不可能弄清楚臺灣的來歷。

但是，過去的錯誤不能用相反的方式來矯正。臺灣歷史不應該是中國歷史的一部分，然而中國歷史卻仍然是臺灣歷史非常重要的一部分。關鍵重點在調整如此的全體與部分關係，確認不該將臺灣史視為中國史的一部分，而該翻轉過來將中國史視為構成及解釋臺灣史的一部分。這樣調整之後，再來衡量中國史在如此新架構中該有的地位與分量。

不只是臺灣的社會與文化，從語言文字到親族組織原則到基本價值信念，和中國歷史有著太深、太緊密的連結；就連現實的政治與國際關係，去除了中國歷史變化因素，就無法理解了。硬是要降低中國歷史所占的比例分量，降低到一定程度，歷史就失去了解釋來歷和分析現實的基本作用了。

從歷史上必須被正視的事實是：中國文化的核心是歷史，保存歷史、重視歷史、訴諸歷史是中國最明顯、最特殊的文化性格。因而中國文化對臺灣產生過的影響作用，非得回到中國歷史上才能看得明白。

不理解中國史，拿掉了這部分，就不是完整的臺灣史。東亞史的多元結構無法提供關於臺灣來歷的根本說明，諸如：臺灣人所使用的語言文字、所信奉的宗教與遵行的儀式、內在的價值判斷優先順序、對於自我身分角色選擇認定的方式、意識深層模仿學習的角色模式……

歷史教育需要的是更符合臺灣特殊性的多元知識，但這多元仍需依照歷史事實分配比例，一味相信降低中國史比例就是對的，違背了歷史事實，也違背了歷史知識的根本標準。

目次 contents

第三講

初唐、盛唐、中唐、晚唐

第四講 唐人的客觀與主觀世界

第五講 重讀唐詩（一）

第六講

重讀唐詩（二）

第七講

唐代的佛教與佛寺

第八講 從門第到科舉

第九講 躍動的復古精神

第十講

藩鎮的歷史作用

「重新認識」中國歷史

1

錢穆（賓四）先生自學出身，沒有學歷，沒有師承，很長一段時間在小學教書，然而他認真閱讀並整理了古書中幾乎所有春秋、戰國的相關史料，寫成了《先秦諸子繫年》一書。之所以寫這樣一本考據大書，很重要的刺激來自於名譟一時的《古史辨》，錢穆認為以顧頡剛為首的這群學者，「疑古太過」，帶著先入為主的有色眼光看中國古代史料，處處尋覓偽造作假的痕跡，沒有平心靜氣、盡量客觀地做好查考比對文獻的基本工夫。工夫中的工夫，基本中的基本，是弄清楚這些被他們拿來「疑古辨偽」的材料究竟形成於什麼時代。他們不願做、不能做，以至於許多推論必定流於意氣、草率，於是錢穆便以一己之力從根做起，竟然將大部分史料精確排比到可以

「編年」的程度。

很明顯地，《先秦諸子繫年》的成就直接打擊《古史辨》的可信度。當時任職燕京大學，在中國學術界意氣風發、引領風騷的顧頡剛讀了《先秦諸子繫年》，立刻理解體會了錢穆的用意。他的反應是什麼？他立刻推薦錢穆到廣州中山大學教書，也邀請錢穆為《燕京學報》寫稿。中山大學錢穆沒有去，倒是替《燕京學報》寫了〈劉向歆父子年譜〉，錢穆自己說：「此文不啻特與頡剛諍議，頡剛不介意，既刊余文，又特推薦余在燕京任教。」

這是個「民國傳奇」。裡面牽涉到那個時代學者對於知識學問的熱情執著，也牽涉到那個時代學者的真誠風範，還牽涉到那個時代學院重視學識高於重視學歷的開放氣氛。沒有學歷的錢穆在那樣的環境中，單純靠學問折服了潛在的論敵，因而得以進入當時的最高學府任教。

這傳奇還有後續。錢穆後來從燕京大學轉往北京大學，「中國通史」是當時政府規定的大學歷史系必修課，北大歷史系慣常的做法，是讓系裡每個老師輪流排課，將自己所擅長的時代或領域，濃縮在幾堂課中教授，用這種方式來構成「中國通史」課程。換句話說，大家理所當然認為「中國通史」就是由古至今不同斷代的中國歷史接續起來，頂多再加上一些跨時代的專史。

可是被派去「中國通史」課堂負責秦漢一段歷史的錢穆，不同意這項做法。他公開地對學生表達了質疑：不知道前面的老師說了什麼，也不知道後面的老師要說什麼，每個老師來給學生片片斷斷的知識，怎麼可能讓學生獲得貫通的中國史理解？學生被錢穆的質疑說服了，也是那個時代的精神，學生認為既然不合理就該要求改，系裡也同意既然批評反對得有道理就該改。

怎麼改？那就將「中國通史」整合起來，上學期由錢穆教，下學期則由系裡的中古史大學者陳寅恪教。這樣很好吧？問了錢穆，錢穆卻說不好，而且明白表示，他希望自己一個人教，而且有把握可以自己一個人教！

這是何等狂傲的態度？本來只是個小學教員，靠顧頡剛提拔才破格進到北大歷史系任職的錢穆，竟然敢排擠數不清精通多少種語言、已是中古史權威的大學者陳寅恪，自己一人獨攬教「中國通史」的工作。他憑什麼？他有資格嗎？

至少那個年代的北大歷史系覺得錢穆有資格，就依從他的意思，讓他自己一個人教「中國通史」。錢穆累積了在北大教「中國通史」的經驗，後來抗戰中隨「西南聯大」避居昆明時，埋首寫出了經典史著《國史大綱》。

2

由《國史大綱》的內容及寫法回推，我們可以明白錢穆堅持一個人教「中國通史」，以及北大歷史系接受讓他教的理由。那不是他的狂傲，毋寧是他對於什麼是「通史」，提出了當時系裡其他人沒想到的深刻認識。

用原來的方式教的，是「簡化版中國史」，不是「中國通史」。「中國通史」的關鍵，當然是在「通」字，而這個「通」字顯然來自太史公司馬遷的「通古今之變」。司馬遷的《史記》包納了上下兩千年的時代，如此漫長的時間中發生過那麼多的事，對於一個史家最大的挑戰，不在如何蒐集兩千年留下來的種種資料，而在如何從龐大的資料中進行有意義的選擇，從中間選擇什麼，又放棄什麼。

關鍵在於「有意義」。只是將所有材料排比出來，呈現的勢必是偶然的混亂。許多發生過的事，不巧沒有留下記錄資料；留下記錄資料可供後世考索了解的，往往瑣碎零散。更重要的，這些偶然記錄下來的人與事，彼此間有什麼關聯呢？如果記錄是偶然的，人與人、事與事之間也沒有什麼關聯，那麼知道過去發生了什麼事要做什麼？

史家的根本職責就在有意識地進行選擇，並且排比、串聯所選擇的史料。最簡單、最基本的串聯是因果解釋，從過去發生的事情中去挖掘、去探索「因為／所以」：前面有了這樣的現象，以至於後來有了那樣的發展；前面做了這樣的決定，導致後來有了那樣的結果。排出「因為／所以」來，歷史就不再是一堆混亂的現象與事件，人們閱讀歷史也就能夠藉此理解時間變化的法則，學習自然或人事因果的規律。

「通古今之變」，也就是要從規模上將歷史的因果解釋放到最大。之所以需要像《史記》那樣從文明初始寫到當今現實，正因為這是人類經驗的最大值，也就提供了從過往經驗中尋索出意義與智慧的最大可能性。我們能從古往今來的漫長時間中，找出什麼樣的貫通原則或普遍主題呢？還是從消化漫長時間中的種種記錄，我們得以回答什麼只有放進歷史裡才能回答的關鍵大問題呢？

這是司馬遷最早提出的「通古今之變」理想，這應該也是錢穆先生堅持一個人從頭到尾教「中國通史」的根本精神價值來源。「通史」之「通」，在於建立起一個有意義的觀點，幫助學生、讀者從中國歷史中看出一些特殊的貫通變化。這是眾多可能觀點的其中一個，藉由歷史的敘述與分析能夠盡量表達清楚，因而也必然是「一家之言」。不一樣的人研究歷史會看到、凸顯不同的重點，提出不同的解釋。如果是因不同時代、不同主題就換不同人從不同觀點來講，那麼追求一貫「通古今之變」的理想與精神就無處著落了。

3

這也是我明顯自不量力一個人講述、寫作一部中國歷史的勇氣來源。我要說的，是我所見到的中國歷史，從接近無窮多的歷史材料中，有意識、有原則地選擇出其中的一部分，講述如何認識中國歷史的一個故事。我說的，只是眾多中國歷史可能說法中的一個，有我如此訴說、如此建立「通古今之變」因果模式的道理。

這道理一言以蔽之，是「重新認識」。意思是我自覺針對已經有過中國歷史一定認識的讀者，透過學校教育、普遍閱讀甚至大眾傳媒，有了對中國歷史的一些基本常識、一些刻板印象。

我試圖要做的，是邀請這樣的讀者來「重新認識」中國歷史，來檢驗一下你以為的中國歷史，和事實史料及史學研究所呈現的，中間有多大的差距。

也就是在選擇中國史敘述重點時，我會優先考慮那些史料或史學研究上相當扎實可信，卻和一般常識、刻板印象不相合甚至相違背的部分。這個立場所根據的，是過去百年來，「新史學」、西方史學諸方法被引進運用在研究中國歷史所累積的豐富成果。但很奇怪的，也很不幸的，這些精采、有趣、突破性的歷史知識與看法，卻遲遲沒有進入教育體系，沒有進入一般人的歷史常識中，以至於活在二十一世紀的大部分人對中國歷史的認識，竟然都還依循著一百多年前流通的傳統說法。「重新認識」的一個目的，就是用這些新發現、新研究成果，來修正、挑戰、取代傳統舊說法。

「重新認識」的另一個目的，是回到「為什麼學歷史」的態度問題上，提供不同的思考。學歷史到底在學什麼？是學一大堆人名、地名、年代，背誦下來在考試時答題用？這樣的歷史知識，一來根本隨時在網路上都能查得到，二來和我們的現實生活有什麼關聯？不然，是學用現代想法改編的古裝歷史故事、歷史戲劇嗎？這樣的歷史，固然有現實連結，方便我們投射感情入戲，然而對於我們了解過去、體會不同時代的特殊性，有什麼幫助呢？

在這套書中，我的一貫信念是，學歷史最重要的不是學 What —— 歷史上發生了什麼，而是更要探究 How and Why —— 去了解這些事是如何發生的、為什麼會發生。沒有 What 當然無從解釋 How and Why，歷史不可能離開事實敘述只存在理論；然而歷史也不可以、不應該只停留在事實敘述上。只敘述事實，不解釋如何與為什麼，無論將事實說得再怎麼生動，畢竟無助於我們從歷史而認識人的行為多樣性，以及個體或集體的行為邏輯。

藉由訴說漫長的中國歷史，藉由同時探究歷史中的如何與為什麼，我希望一方面能幫助讀者梳理、思考今日當下這個文明、這個社會是如何形成的；另一方面能讓讀者確切感受到中國文明內在的多元樣貌。在時間之流裡，中國絕對不是單一不變的一塊，中國人、中國社會、中國文明曾經有過太多不一樣的變化。這些歷史上曾經存在的種種變貌，總和加起來才是中國。在沒有如實認識中國歷史的豐富變化之前，讓我們先別將任何關於中國的看法或說法視為理所當然。

4

這是一套一邊說中國歷史，一邊解釋歷史知識如何可能的書。我的用心是希望讀者不要只是被動地接受這些訊息，當作是斬釘截鐵的事實；而是能夠在閱讀中主動地參與，去好奇、去思考：我們怎麼能知道過去發生了什麼，又如何去評斷該相信什麼、懷疑什麼？歷史知識的來歷常常和歷史本身同樣曲折複雜，甚至更加曲折複雜。

這套書一共分成十三冊，能夠成書最主要是有「敏隆講堂」和「趨勢講堂」，讓我能夠兩度完整地講授中國通史課程，每一次的課程都前後橫跨五個年頭。換句話說，從二〇〇七年第一講開講算起，花了超過十年時間。十年備課、授課的過程中，大部分時間用於消化各式各樣的論文、專書，也就是關於中國歷史的研究，並努力吸收這些研究的發現與論點，盡量有機地編組進我的歷史敘述與討論中。明白地說，我將自己的角色設定為一個勤勞、忠實、不輕信、不妥協的二手研究整合者，而不是進入原始一手材料提出獨特成果的人。也只有放棄自己的原創研究衝動，虛心地站在前輩及同輩學者的龐大學術基礎上，才有可能處理中國通史題材，也才能找出一點點「通」的心得。

將近兩百萬字的篇幅，涵蓋從新石器時代到辛亥革命的時間範圍，這樣一套書，一定不可避免地含夾了許多錯誤。我只能期望能夠將單純知識事實上的「硬傷」降到最低，至於論理與解釋帶有疑義的部分就當作是「拋磚引玉」，請專家讀者不吝提出指正意見，得以將中國歷史的認識推到更廣且更深的境界。

第一講

隋朝得天下的基礎

01 隋唐：分裂性格時代中的統合時期

中古時期的中國，有著強烈的分裂傾向，儘管在這段時期出現了隋唐帝國，然而相較於大漢帝國前後四百年的統一，隋唐真正維持統一的時間要短得多。

隋在西元五八九年滅了南朝陳，正式統一，但沒有多久又陷入隋末戰亂，再由李家建立唐朝，重新統一。然後到七五五年發生了「安史之亂」，這個亂局後來只能靠著實質分裂的藩鎮割據來收拾，維持帝國表面的穩定秩序。中唐、晚唐都已經不是漢帝國式的統一了，更不用說後來「五代十國」的那種大分裂、大混亂。

中古社會一個強烈的特色是在帝國和人民之間存在著強大的中間階層。最常見的中間階層力量來自世家大族。唐朝建立後，中央朝廷的控制增強了，加上「均田制」、「府兵制」的建立，世家大族的影響確實削弱了，但這時候仍然有寺院以宗教和經濟雙重的實力，隱隱然和朝廷爭奪對於人民的掌控權。促使唐武宗進行「滅佛」的動機，從寺院那裡奪回對人民的控制力，和宗教信仰的衝突同等重要，甚至更加重要。

到了中、晚唐，軍事藩鎮興起，除了在政治上、地理上製造了新的分裂，對社會也產生了新的分裂，再度阻絕朝廷有效地直接統治人民。因而整個中古時期，從三國開始，一直到五代結束，中國歷史的主要狀況，其實是分裂而不是統一的。

從更長遠的中國歷史來看，中古夾在中間，是個異數。上古、古代，以及取代中古的近世，中國都是具備統一精神、呈現統一狀態的。而從比較短一點、窄一點的眼光只看中古史的話，那麼在長期分裂中，隋唐帝國的統一又是這段歷史的異數、例外。這是具有強烈分裂性格時代中的統合時期。

02 從北朝歷史，才能弄清楚隋唐怎麼來的

過去傳統歷史觀中，最被視為理所當然的是「正統朝代」。正統朝代觀念建立了一套單一傳承的系譜，上面列的是「夏商周秦漢魏晉宋齊梁陳隋唐」，也就是對於分裂的南北朝，是將南朝視為「正統」的。隋唐緊接在宋齊梁陳之後。如此走下來，在解釋歷史時製造了一個巨大的困擾，那就是忽略、甚至扭曲了隋唐的來歷。楊家建立的隋朝、李家建立的唐朝，其根據地都是北方而不是南方，他們的武力與權力不是繼承南朝，而是來自北朝，在北方崛起之後才興兵南下，滅了南朝。如果照原來的系譜看，我們是無法從南朝歷史中追索、理解隋唐的。

建立隋唐這兩個朝代的勢力都來自北周，要從北朝的歷史中，才能弄清楚這兩個朝代是怎麼來的，又是用什麼方式取得政權、建立了什麼樣的朝廷。例如隋朝這個「隋」字，小時候念書考試常常被提醒不要寫錯，是「隋」而不是「隨」，但為什麼有這個朝代、有這個字呢？那就得回到北周的歷史來查考。

隋文帝楊堅的父親是楊忠，在北周時被封為「隨國公」，是那個常見的「隨」而不是「隋」。楊堅篡奪了北周，要建立自己的朝代，很自然就選擇原有的封號「隨」。可是這個字裡有一個辵部在中間，辵部的原意是「走」，楊堅覺得不太吉利，要走、要離開去哪裡？建立的新朝代最好是長長遠遠都不要變動，不要被取代，於是決定將「隨」改成了「隋」。

清代考據學發展到「考史」的階段，這個「隋」字還曾經一度成為焦點，學者們找到了一些文獻或碑文的資料，其中用的不是「隋」而是「隨」，從而提出假設，認為「隋」字是唐朝人傳鈔時寫錯了，後來以訛傳訛的。不過到了民國時期，經過岑仲勉等人更仔細地檢驗，確認應該是朝代建立時就決定創造這個少見的「隋」字為名。

明明朝代叫做「隋」，為什麼唐朝還有許多寫成「隨」的記錄？岑仲勉的解釋是，唐人知道楊堅創「隋」字的用意，既然「隋」沒有維持幾年就滅亡了，表示這個朝代還真是坐不穩政權位子，早早就上路離開了，所以就帶著嘲弄的意味幫他們把辵部給補了回去。

另外一種可能更符合事實的解釋，則必須先弄清楚隋朝楊家和唐朝李家在北周的關係。在這兩家建立先後相續的朝代之前，他們是一起在北周帶兵當官的。很像是少年時代就認識的朋友，其中一個雖然後來改了名，但老朋友總習慣還是以舊名相稱。唐代留下的「隨」舊字，來自記得楊家是北周的「隨國公」，提示了這兩家在北周曾經並肩發展的過去。

追索隋唐的來歷，就要從北周上溯到宇文泰的西魏。經過了「六鎮之亂」，北魏分裂為東魏和西魏，名義上的皇帝還是元氏家的，但東魏實權掌握在高歡手中，西魏的實質統治者則是宇文泰。宇文泰掌控的西魏，在當時的南北政權中，是最小、最弱，而且形勢最不利的一個。在北邊有柔然、突厥的威脅，東邊緊鄰人口與資源都遠遠多過自己的東魏，而在它的南邊還有南朝，即梁朝和後來的陳朝，尤其是梁朝在梁武帝時代，不斷發動北伐的攻勢。

然而正是為了應付這樣的不利局勢，西魏發展出一套方法，後來的隋唐就是靠這套方法才得以統一中國的。

03 高歡對鮮卑勳貴的寬容態度

東魏和西魏都源自「六鎮」。原本留在北方的鮮卑人因為地位不斷下降，待遇愈來愈差，加上柔然的侵擾攻擊，終於無法繼續留在邊境。往南流竄後，一部分的人由高歡統領，另一部分的人則跟隨宇文泰。

北魏分裂之後，東魏和西魏的實力並不對等，光是從地理條件看，西魏就不如東魏。由宇文泰率領的這批鮮卑人，遠離了鮮卑起源的根據地進入關隴地區，在這裡不只鮮卑是少數，而且很不容易得到鮮卑人的補充支應。關隴的面積、資源不如東魏所占據的山東區域，差別更大的是鮮卑起源根據地在東魏領土中，相對地，西魏就與其他鮮卑人隔離開了。戰爭中，尤其是對東魏的戰爭，兵力補充條件就有很大的落差。

單純看現實條件，特別是直接和軍事武力相關的條件，很顯然地，東魏要擊敗、甚至吞併西魏的勝算高得多了。不過，真正的歷史過程中，就出現許多不是由單純現實條件來決定的其他因素，改變了原先的估計。

東魏這邊，高歡是胡化的漢人，漢人血統對他在山東地區崛起有一定的幫助，帶領六鎮民兵時，他特別用心調和胡漢關係，將對於定居漢人的傷害盡量降到最低，同時也就緩和了胡漢之間的敵意與不信任。不過這樣的情況，到他建立東魏政權後卻維持不下去，他無法再有效地約束鮮卑貴族。

《北齊書．杜弼傳》中有一段記錄值得注意。杜弼向高歡建議，要他「先除內賊，卻討外寇」，就是先處理好朝廷內部矛盾，才能集中力量對付外面的西魏或南朝。高歡就問杜弼：「你所謂的內賊是誰呢？」杜弼的回答是：「諸勳貴掠奪萬民者皆是。」「內賊」就是高歡身邊那些有地位、有權勢的人，這些人持續在剝削、掠奪平民百姓。

聽到杜弼這樣明白地將「諸勳貴」視為內賊，史書中記載高歡的反應是：

高祖然後喻之曰：「……諸勳人身觸鋒刃，百死一生，縱其貪鄙，所取處大，不可同之循常例也。」

他勸告杜弼要弄清楚：杜弼討厭的這些「勳貴」是和他一起打仗，在戰鬥中冒過生命危險的。他們能活下來都不容易，有過這種經歷才得到這種地位，就算貪一點、壞一點，這裡跟人家敲詐一點，那裡偷人家一點，比起他們對政權的貢獻，所求都不算多。不能拿一般欺壓百姓的標準來衡量他們，應該給予多一點的寬容。

這就是高歡的基本態度。他和這些從「六鎮」流亡出來的軍人有一起出生入死的特殊情感，建立東魏後就對他們特別寬容。這些人絕大部分屬鮮卑族，而且是在漢化後受到歧視的鮮卑人，因此才會憤而舉兵南下。高歡要照顧他們的感受，在新政權中給予他們尊嚴，重視他們，無疑是合理的。

04《顏氏家訓》中記載的胡漢女性差異

高歡沒有接受杜弼的建議去壓抑、管制這些鮮卑「勳貴」，而是採取了很不一樣的策略，以建立新的「二元結構」來處理這個問題。他刻意讓國境內形成南、北兩個中心，北邊是晉陽，南邊是鄴，他自己坐鎮晉陽，將鄴交給兒子高澄管理。高澄在鄴盡量重用漢人，高歡在晉陽就相對重用、甚至縱容鮮卑人。

從設計上看，這是很高明的二元制。要拉攏漢人，可以強調鄴是國都；要平撫鮮卑人，就強調代表權力中心的高歡在晉陽。兩邊都很重要，鄴作為和漢族世家大姓合作的中心，晉陽則作為讓鮮卑貴族得以發洩長期不滿的中心。

不過在實踐上，這種二元制並不好維持。關鍵就在鄴不只名義上是國都，而且處於比較富庶繁榮的地區，比晉陽大，生活享受也高於晉陽。這些鮮卑貴族不會滿足於在晉陽所得到的地位與利益，很難長期阻止他們嚮往鄴。

二元制有賴高歡坐鎮於晉陽，才能讓晉陽看起來和鄴是平等的。高歡去世後，這項平衡條件就消失了。不只如此，高歡擬定的拉攏漢人政策也留下了嚴重的後遺症。

高歡死後，主要權力位子由高澄繼承，高澄死後，再傳給同母弟弟高洋。在高洋手中正式推翻了名義上的元氏皇帝，東魏消失，由北齊取而代之。高洋去世前留下遺詔，安排由漢人楊愔輔佐少主高殷。高殷的母親姓李，是漢人，來自世家大姓，再加上要由楊愔實質掌政，就刺激了鮮卑人的高度失落感與危機感，於是由當時的太皇太后、高歡的元配妻子婁氏，和婁氏所生的另一個兒子高演聯手發動政變，誅殺楊愔，廢黜高殷，改由高演做皇帝。

這件事凸顯了漢人與鮮卑人之間長期存在的矛盾並沒有解決，同時也凸顯了從北魏孝文帝開始想要藉由聯姻的方式促進胡漢融合，有其難以處理的基本問題。

關鍵在於北方胡族的女性性格和角色，與漢人大不相同。顏之推在《顏氏家訓》中對此曾有過觀察記錄。顏之推的經歷很特別，用他自己的說法，是「三為亡國之人」，原本是南朝梁的人，逃亡到北齊，後來北齊亡了，又成為北周的人，最後還目睹了北周被隋朝取代。

《顏氏家訓．治家》說：

> 江東婦女，略無交遊，其婚姻之家，或十數年間，未相識者，惟以信命贈遺，致殷勤焉。鄴下風俗，專以婦持門戶，爭訟曲直，造請逢迎，車乘填街衢，綺羅盈府寺，代子求官，為夫訴屈。此乃恆、代之遺風乎？

在南方，婦女是沒有公共生活的，主要在家中主持家務而已。就連女性婚姻親家之間，都可以十幾年不認識、不來往。結成婚姻的過程中只是書信和物件往來交換，向對方問好打招呼，如此而已。搬遷到北方鄴城後，看到的可就不是這樣。這裡太太們很厲害的，她們不只管門內，也管門外社交，還管和別人之間的爭執吵架。穿得漂亮體面，坐著車到處都去，幫兒子求官，為丈夫伸冤，都是太太的事。這種女人強悍管事的風俗，顯然不是來自漢人的文化，應該是鮮卑人從北方帶過來的吧！

漢人的女性在公共事務上絕對爭不過鮮卑的太太，這是北朝「宮門」增加出來的種族文化差異層面。

05 從鮮卑人漢化到漢人鮮卑化

《顏氏家訓．教子》中另外還有一段記錄：

齊朝有一士大夫，嘗謂吾曰：「我有一兒，年已十七，頗曉書疏，教其鮮卑語及彈琵琶，稍欲通解，以此伏事公卿，無不寵愛，亦要事也。」吾時俛而不答。異哉，此人之教子也！若由此業，自致卿相，亦不願汝曹為之。

到了北齊，他遇見一名做官的漢人，曾經如此對他描述自己的兒子，十七歲，念過書，而且懂一點公文，於是就特別教他學鮮卑話，還要學彈胡人的樂器琵琶，有了這樣的能力，可以得到鮮卑貴族的寵愛，在兒子的人生發展上是重要的事。當然，顏之推聽了很不以為然，當下低頭沒說什麼，自己在心裡嘀咕：這個人教小孩的方法太奇怪了！就算用這種方式可以讓你們飛黃騰達，我也絕對不願意你們這樣做！

這段記錄反映的，是「六鎮」勢力南下之後必定會帶來的衝擊，那就是逆轉了孝文帝的漢化政策，轉而在政治現實威脅利誘下，出現了「漢人鮮卑化」的現象。從南方來的顏之推當然不以為然，但他沒有、也不能大聲抗辯，顯示了「鮮卑化」是當時的潮流。

從「鮮卑人漢化」到「漢人鮮卑化」，這過程必然製造了愈來愈高度的緊張。

西元五七一年，先是漢人馮子琮慫恿年少的琅邪王高儼殺了在朝中握有大權、且最瞧不起漢人的和士開，之後鮮卑貴族中的大老斛律光又慫恿當時的皇帝、後主高緯絞殺了馮子琮，之後漢人祖珽又從中謀劃讓皇帝殺了斛律光，之後鮮卑貴族的另一位大老穆提婆又再運作將祖珽等一干人隔絕在朝廷之外⋯⋯

這樣的連鎖戲劇性變化，核心的起因就是胡漢衝突，那是北齊政治上最麻煩、最難解決的問題，直接造成了北齊國力快速滑落。

06 邙山之役後宇文泰的關鍵決定

同一段時間，西魏到北周這邊呢？出身武川鎮的宇文泰將一群流亡軍士帶到關隴地區，那不是什麼太好的選擇，和原本鮮卑人的區域隔絕開來，馬上就面臨兵源不足的困擾。相較之下，對手東魏的兵力要充裕多了。

在西魏、東魏的對峙衝突中，有一場關鍵的戰役，是西元五四三年的邙山之役，《周書．文帝紀下》有簡單的記錄：「邙山之戰，諸將失律，……於是廣募關隴豪右，以增軍旅。」短短幾個字，但在歷史變化上卻再重要不過。

邙山之役西魏大敗，光是在這場戰役中，依照史書記載，西魏就損失了六萬軍士，而當時西魏能動員的所有兵力也不過十萬左右。這樣的大規模敗戰，已經影響到西魏的存亡了。沒有新的兵源可以動員補充的情況下，東魏必然大舉犯境，趁勝擴大戰果，西魏要如何因應？

此時宇文泰做了一個關鍵的決定，那就是尋求「關隴豪右」的協助。關隴豪右是誰？就是漢人世族。宇文泰找上這些世族大家，請他們幫忙招募軍隊，當然一來如此招進來的軍隊大部分都是漢人，二來他也就必須將西魏的權力大幅讓渡給這些出手解圍的漢人。換句話說，宇文泰在兩害相權取其輕的考慮下，冒險決定與漢人分享軍權。

到這場五四三年的邙山之役前，西魏的軍隊主要來自「六鎮」的鮮卑人，在此之後則有大量的漢人加入軍隊中。而且這些軍人的來源不是透過抓兵或暴力脅迫，而是由世家大族出面招募。漢人用這種方式集體進入西魏的軍事與政治體制中，宇文泰也就一定要對自己領導的軍事與政治體制進行快速而大幅的調整，才能因應這樣的變化。

宇文泰是個夠聰明、能細膩思考的領導人，精明地度過了這個難關，在過程中誕生了一套辦法，這套辦法既是西魏和東魏最主要的區分，也是後來新帝國得以運作的最早原型基礎。

在東魏這邊，軍事制度上一直都帶著「六鎮餘緒」的本質，除了部落、八部、宗長這些來自鮮卑傳統的做法之外，沒有太多的新設計。相對地，西魏這邊卻是在五四三年之後迅速進行調整，實質上重建了一支新的軍隊，不只補充了新的兵力，而且有了不一樣的制度，也有了不一樣的戰法。

07 棄漢姓改胡姓，關隴豪右換得軍事領導權

原本鮮卑軍事制度的核心是八部八姓，延續八部八姓的架構，宇文泰這支新軍隊也有最高階

層的「八柱國」。[1]不過領有八柱國頭銜的人，其中有兩個是不領兵的，一個是宇文泰自己，實質的統治者；另一個是鮮卑人中政治地位最高的「相國」，也就是宇文泰的政治副手。因而雖然稱為「八柱國」，真正統兵的是六個人，軍隊也就分成六個大隊。

在六柱國之下有十二將軍，每位將軍負責兩個「開府」，所以有二十四個「開府」。每個開府底下有兩個「儀同」，所以一共是四十八個「儀同」。每個儀同大概含括一千人左右的軍隊，所以這支部隊的總規模也就在五萬人左右。

如此，用嚴謹的數字給予軍隊新的、明確的層級架構。更重要的，這個架構的核心是處於中間的「開府」。開府底下分成兩個儀同，不過一個開府所統率的大約兩千兵力又特別稱為一個「軍」，帶領的人稱為「宗長」。宗長來自鮮卑族的傳統稱號，意思很明白，表示這是一位部落的首領，具備了親族關係與軍事關係的雙重領導身分，既是族長，也是指揮官。

宇文泰在設計這套兵制時，一方面小心地保留了表面的鮮卑傳統，另一方面卻又將名稱底下的實質內容替換掉了。首先換掉的，是原本鮮卑軍隊組織中的宗族關係。雖然保留了「宗長」這個名稱，但現在一個「開府」所屬的軍隊和其領導者不再有宗族親屬關係。甚至可以說，正因為刻意保留了「宗長」的名稱，所以可以大刀闊斧地將本來源自鬆散部落組織的軍隊，改造為層次井然的新編制。

其次被換掉的，是讓漢人大批進入維持鮮卑稱號的軍隊裡，從十二將軍、甚至到六柱國都出現了漢人。可是因為維持了鮮卑式的稱號，讓鮮卑人不會那麼強烈感覺到喪失了自己的軍隊與指揮權。

「開府」其實是宇文泰爭取「關隴豪右」聯盟的重要手段。一個「開府」就是一個招募軍隊的中心，「宗長」實質上就是招募了一支軍隊去加盟宇文泰而取得的頭銜。宇文泰歡迎、甚至爭取漢人帶著自己招募來的軍隊加入，但為了確保這些軍隊的效忠，也為了泯除漢人軍隊和原有鮮卑人之間的衝突，他堅持一個不能商量、不能退讓的條件。

這個條件是「賜姓」，也就是進到這個系統裡帶兵的漢人都要改姓鮮卑姓，從姓名上看起來和原來的鮮卑將領沒有差別。這顯然是逆反北魏孝文帝要鮮卑人改漢姓的做法。為了推動這項政策，宇文泰是有準備的，也就是除了這項不能商量之外，漢人要來加盟的其他條件都可以商量。他擺出交易的態度，而不是採用高壓強迫的姿態。放棄漢姓改胡姓，最重要能交換到的，就是參與政治與軍事的領導權，得到更穩固的政治與軍事安全保護。

這樣的安排顯然有效，許多關隴大姓接受了這樣的條件交換，進入宇文泰的軍隊裡。像是李虎，就賜姓大野；李弼，賜姓徒河；趙貴，賜姓乙弗；楊忠，賜姓普六茹等等。

如此一來，在軍隊的領導層就不容易看出是鮮卑人還是漢人，大有助於降低鮮卑人的反彈，

1 西魏的八位柱國大將軍，即「八柱國」分別為：宇文泰、廣陵王元欣、李虎（唐高祖李淵的祖父）、李弼（瓦崗軍首領李密的曾祖父）、獨孤信（隋文帝楊堅的岳父、李淵的外祖父）、趙貴、于謹和侯莫陳崇。

減少源於種族差異的部隊內部衝突。漢人得到了可以在西魏、北周的軍事架構中建立並帶領自己軍隊的權力，鮮卑人得到了讓漢人改姓歸服的象徵尊嚴。裡子、面子各有所得，也各取所需。

08 關隴集團的崛起，宇文邕的兵制改革

在宇文泰崛起的過程中，同時出現了「關隴集團」，「關」指的是關中，「隴」指的是隴西。關隴西在今天的甘肅，地理上偏西北，然而其獨特的重要性就在於作為關中混亂時的避居之地。關中處於中原西陲，秦漢帝國以此為中心統治東方，也就是平常時期關中主要的交通道路是向東方走的。一旦遇到了動亂，東方的軍隊、盜賊或流民由東而西衝過來，關中就封閉向東方的道路，轉而朝向西方。關中以西最主要的腹地，也是交通最方便、可供聯絡之處，就是隴西。

中古時期所看到的基本情勢是關中長期不穩定，促使關中人口外流。外流的一條路是往南，進入益州、巴、蜀，也就是今天的四川；另一條路則是往西，和隴西連結在一起。關隴集團就是在這樣的地理條件下形成的。

關隴集團成員有兩種來歷。一是避難的中原世族之後，最早曾經建立北涼的勢力。二是宇文

泰帶過去的鮮卑族。宇文泰除了賜姓漢人，去除掉從姓名上就能分辨胡漢的區別，另外又徵得漢人大姓同意，將原本的郡望都改成京兆。如此一來，就連從郡望上也區別不出漢人還是鮮卑人了，重要的胡漢大姓都以京兆為其本籍。

靠這種方式打造出一個漢人與胡人緊密連結的集團，成為最核心的政治勢力來源。不只是北周，連後來的隋、唐皇室都來自關隴集團。宇文泰所選的「六柱國」中，有一位獨孤信。獨孤信的一個女兒嫁給了北周明帝宇文毓；另一個女兒則嫁給了李昞，也就是李淵的父親；他還有一個女兒嫁給了楊堅。這是歷史上難得一見的「三朝岳父」，三個女兒跟北周、隋、唐都有關係。

經過現代史學的比對、研究，我們才逐漸理解、掌握這是一件多麼重要又多麼戲劇性的轉折變化。在打了一場大敗仗之後，宇文泰選擇將部分軍權釋放出來，邀請關隴豪右招募部隊加入。「開府」是這整套制度的中心，也是後來「府兵制」的起源，「府兵」二字就是承襲自「開府」的。

府兵制和均田制並列為中古制度史上最重要的兩項制度。藉由「開府」的招募，初期創造了一支規模在五萬人左右的軍隊，那基本上是菁英部隊。漢人接受表面鮮卑化的條件加入，形式上這仍然是少數鮮卑人所組成的部隊，只是中間增加了很多不是真正血統上的鮮卑人。實質上，軍隊裡有一部分是從鮮卑部落組織來的，另外一部分則來自漢族世家大姓。

這樣的軍隊到了北周武帝宇文邕在位時，出現進一步的變化。宇文邕得到「武帝」的諡號，就是因為他具備了要戰勝、甚至消滅北齊的強烈軍事野心。要能討伐北齊，首先一定要做的當然是擴增兵源，接著還要擴增財源，而宇文邕在這兩方面的做法，都對後世產生了巨大影響。

為了增加兵源，宇文邕有了一個突破性的想法，將兵制和「均田」連結在一起。均田制著眼於爭取人民，所以要「授田」，接受授田的人就對國家有了服役的義務。宇文邕將這樣的義務予以擴充：均田制將田地分為九等，而六等以上，也就是獲得了最好等級田地的人家，規定家中每有三名男丁，就該出一人來當兵。

這樣的規定看起來公平，而且對農戶生產的攪擾與破壞不大。已經接受了較好的土田，而且還是家中有三個男丁，才需要分出三分之一的勞動力貢獻給朝廷的軍隊。真正實施時，又增加了從授田資格而來的、額外的獎勵誘因。有意願當兵的人，給予「不入縣籍」的待遇，也就是授田照給，但這一戶所有相關的徭役一併免除。也就是說，只要家中有人願意當兵，全家就得了田卻不必再負擔其他的力役之徵，這是很優惠的條件。

能有這樣的新政策，前提當然是均田制可以順利運作。這個時候因為荒地還相當多，國家有授田的空間。本來就有很多人願意進入均田制的體系裡，現在體系中部分家戶在新辦法下，提供了三分之一的男丁來當兵，又有其他人願意藉當兵來取得優惠條件，於是就讓北周多出了豐沛的兵源。

在武帝宇文邕時，第一次將「府兵」和「均田」結合在一起，均田中新的兵力就到開府報到，成為開府招募軍隊的一部分，產生了介乎募兵和徵兵之間的一種特殊形式。這項新做法取得了很好的效果，《隋書・食貨志》中甚至誇張地形容周武帝朝自從有了免列縣籍、免除租調的優惠政策，「是後夏人半為兵矣」，漢人當中有一半都搶著當兵。我們可以不必拘泥於「一半」的描述，但在這誇張描述背後反映的是，當時這個政策被視為大有吸引力，極為成功。

09 兵農合一：均田和府兵的徹底結合

從北周發源，「均田」和「府兵」的結合，一路到隋代還有重要的變化發展。關鍵在於藉由均田所產生的徵調兵額愈來愈多之後，軍隊的規模超過了前線戰事所需，於是有一部分從軍的士兵就不用調到前線去，仍然留在農業生產地區。這些人沒有實際打仗，卻享受了朝廷給予的免除租調的好處，如此對朝廷來說太划不來了。那怎麼辦呢？對於這些已經具備軍人身分但不打仗的人，與其要由朝廷供養，還不如讓他們回去種田。

後來進一步的發展就成了從軍的人屬於軍籍之外，還有固定的「在地軍籍」。例如一個地區有五千人來從軍，本來從軍後就被調離這個地區，去到打仗需要的前線，也就不需要管這些軍人是從哪個地區來的。然而五千人中有四千人去了前線，卻留下一千個前線用不上的人，他們不知道什麼時候才會上戰場，朝廷就命令他們回去種田以貢獻生產，但因為他們有軍籍，和一般農戶的義務不同，就另屬於「在地軍籍」。也就是這個地區分成了「民籍」和「軍籍」，同樣都是種田的，只是軍籍的人隨時可能被派去打仗。

很明白的趨勢是，兵和農愈來愈接近。原先兵是兵、農是農，接下來出現了部分的兵從「均田」的農戶裡來，再者又發展出「在地軍籍」的兵回去務農。最後到了隋文帝開皇十年，西元五九〇年，正式完成了兵農合一。不只所有的府兵都來自均田，只要你接受朝廷授田，就必須為朝廷當兵，而且朝廷擁有的兵力就是府兵，除了府兵之外別無其他兵源，也不需要其他兵源了。兵即是農，農即是兵，徹底完成了「兵農合一」。

西魏最早成立府兵時，二十四個開府一共有大約五萬兵力，然而到北周被隋取代時，不過就大概半世紀的差距，兵力成長到五十萬。由此可以清楚看出這個制度在歷史上發揮的重大作用。

10 周武帝廢佛：求兵於僧眾，取地於塔廟

宇文邕用來擴展財源的另一項做法也在歷史上發揮了重大作用，那就是「廢佛」。這個做法在當時叫「廢佛」，而不是後來的「滅佛」，針對的不是佛教信仰，而是佛寺；主要不是反對佛

教，而是反對並收拾佛寺系統。

在北朝，佛寺有其特殊地位，是一股很大的經濟勢力。關鍵就在《魏書·釋老志》中說的「假慕沙門，實避調役」，假裝因為信仰的理由進入佛寺，但實質的用意是要規避應該奉獻給朝廷的租調。之所以會有這種情況，是因為這時候的沙門佛寺和近世宋代以降的狀況很不一樣。

近世之後，佛寺主要是靠信徒供奉來維持，佛寺中的僧侶必須遵守如「百丈清規」等生活戒律規範，這是我們對佛寺留下的基本印象。但中古史上的佛寺卻不是如此。中古佛寺是重要的生產單位，僧侶身分在生命信仰上的意義，往往不如在社會組織上的意義。

僧侶是什麼？在那個時代，依附於佛寺的人就是僧侶，那是一種社會組織身分，不必然表示信奉佛教中的任何規條，也不必然要持守任何的戒律。而僧侶身分得到了朝廷的特權對待。朝廷願意給予佛寺特權，一部分固然出於信仰的理由，還有一部分是統治與維護社會秩序的考量。

給予佛寺空間，佛寺可以扮演社會安全的角色，在動亂狀態下收容、處理流民，提供社會緩衝。要發揮這樣的功能，佛寺需要有自己的土地，建立自己的生產系統。從這裡開始，有土地、組織生產的佛寺當然就有了各種不同的經濟發展，部分佛寺收攏了大量人民，以僧侶的身分規避朝廷的稅賦傜役，佛寺勢力擴張，取得了和世家大姓一樣足可抗衡朝廷的地位。

均田制建立之後，藉由國家授田，甚至連奴婢都擁有可以授田的條件，對於本來依附在世家大姓的人民產生高度誘惑，讓他們離開原來的依附狀態，轉而成為國家的編戶齊民。新制度大幅降低了人民對國家的稅賦勞役義務，用這種方式和世家大姓搶奪人民，世家大姓因此面臨勞動力流失的巨大威脅。

均田制的一層意義，就在於國家找到有效的方式，在爭奪人民一事上凌駕了世家大姓。世家大姓仍然擁有他們的龐大莊園，不過莊園經濟所需的勞動力卻不斷流失，必然直接反應在莊園生產下降，進而維持困難。一旦土地面積與勞動力的比例失衡到一定程度，世家大姓的一種因應之道，就是將部分的土地捐給佛寺。

佛寺享有特權，可以規避朝廷的控制，世家大姓將部分土地名義上捐給佛寺，就減少了對朝廷的稅賦責任，如此才能在減少勞動力的情況下維持莊園經濟運作。

於是「均田」有效發揮作用時，連帶的現象竟然是佛寺大增。到北周武帝宇文邕在位時，北周有一萬所佛寺，大約一百萬名僧侶。看數字就知道，北周境內不只是佛寺眾多，而且佛寺的規模也大，平均一所佛寺有將近一百名僧侶。這些佛寺都有自己的土地，而這些僧侶可不是每天在寺裡念經禮佛的，他們從事各種生產活動，而且可以不必承擔朝廷的稅賦。換句話說，佛寺有地有人也有錢，他們唯一沒有的是軍隊武力。

長期以來，西魏到北周最大的敵人，就是東魏和北齊，而在面對來自東邊的威脅時，從一開始北周就有強烈的兵源不足的危機感。宇文邕之所以要「廢佛」，最主要的動機即來自擴張兵力準備攻打北齊。這是「求兵於僧眾之間」，把躲在佛寺裡不對朝廷貢獻徭役的人抓出來當兵打仗。整頓佛寺之後，又有連帶的好處，那是「取地於塔廟之下」，也就是同時沒收了原本佛寺擁有的大批土地。拿到這些土地，就可以用來授田，再去誘引更多人離開世家大姓的莊園，進入國家編戶齊民的行列。

「求兵於僧眾之間」、「取地於塔廟之下」，這兩句話就提供了宇文邕充分的動機要「廢佛」，不必去追問他對佛教、對釋迦牟尼，或對「四正諦」有什麼看法，那相對沒有那麼重要，「廢佛」是出自現實的政治軍事考量，而不是宗教信仰上的齟齬衝突。決定「廢佛」舉措的，一是可以從佛寺中奪取人力和土地，二是宇文邕的軍隊實力成長到一定程度，他有把握可以壓制佛寺與世家大姓的反彈。

「廢佛」的具體做法，是沒收佛寺的人、土地、建築，立刻將這些沒收得來的資源投入伐齊的軍事行動。如此激烈的做法竟然沒有引發相對激烈的反抗，顯示出寺院制度本身的問題。

最大的問題在於，寺院作為經濟生產組織的部分發展得太快，相對地作為社會組織的部分跟不上這樣的發展速度。因而，一來寺院關起門來有足夠的勞動力繁榮生產，卻缺乏外面的社會支持，也就是說，佛寺增長遠超過社會上對於宗教慰藉的需要；二來在快速增長中，這些寺院彼此之間也沒有一套固定的合作連結，無法形成團結陣線。鬆散的寺院制度，遇上了有強大軍事力量的強勢政權，就立即敗退瓦解了。

11 從平陽之戰看宇文邕的伐齊部署

「廢佛」取得了新的人員兵力與生產資源，宇文邕便一改原先和北齊通好的表面態度，在西元五七六年發動了征伐北齊的關鍵戰役——平陽之役。

平陽之役是北周改造之後，北齊還能在軍事上和北周對抗的最後一場戰役。輸掉了平陽之役，北齊就江河日下、大勢已去了。傳統歷史記載的解釋，集中在北齊的君主有多荒淫懶散，軍隊在外面節節敗退，都還沉溺於女人與田獵遊戲。這是中國歷史的「亡國套式」，北齊亡國的君主故事，和後來南朝陳後主亡國的故事，有很多雷同之處，當然不是說他們一定沒有這樣荒淫懶散，而是這種套式對我們理解歷史真正的動向幫助不大。

幫助較大的，毋寧是看看宇文邕為了伐齊而特別做了哪些事。他先是整頓了佛寺，將佛寺控有的資源擠榨出來作為軍事行動的基礎。然後他聯合突厥，將原本地理上偏處西北的劣勢轉化為助力。接下來又派人到南朝陳通風報信，告知伐齊的行動，建議南朝陳將部隊沿著淮河布置，選擇時機渡過淮河，就能得到最大的好處。

這個建議實質上是要創造藉由南朝陳來牽制北齊軍事行動的效果，讓北齊兩面受敵，為了防範來自南方的威脅，不能全力應付北周。這個建議產生的另一個效果，就是讓南朝陳認為如果偕同配合出兵，北周願意將淮河北岸地區交由陳占領，如此陳就能將分界防線往北推，並在北方得到一塊根據地。

然而宇文邕的打算不是這樣。建議陳朝渡過淮河，是他的一石二鳥之計。不只收到牽制北齊軍事行動的效果，還讓陳朝的主力部隊進入淮北，遠離建康。於是在打贏平陽之役、擊潰北齊的軍隊之後，宇文邕立刻轉而攻擊陳朝進入淮北的部隊，也取得重大勝利。如此接連兩場戰役打下來，北周已經奠立了一統中國的穩定基礎，局勢清楚明朗。

西元五七七年，宇文邕的功業達到頂點，但第二年，五七八年他就去世了，太子宇文贇即位，原本清楚明朗的局勢因此丕變。

12 「亡國套式」無法釋疑 北周的迅速滅亡

宇文贇即位，什麼事都還沒做，就先殺了叔父宇文憲，因為擔心宇文憲會搶奪他的皇位。以此開頭，他接著就做了一連串「亡國之君」會做的事，包括：認為父親武帝留下來的刑律不夠嚴格，就改定了殘酷嗜殺的「刑經聖制」；大舉充實後宮，要求國境內年輕女子沒有經過皇帝同意不能結婚。更荒唐的是，他二十一歲時，兒子七歲，就覺得皇帝當累了、做膩了，決定退位做太上皇，然後再過一年，二十二歲就去世了，前後在位只有一年的時間。

這很明顯又是「亡國套式」，在中國歷史記錄裡最難處理的材料。我們不能武斷地說這樣的事一定沒發生，然而記錄中確實有很多不合理的地方，又很難讓我們全盤接受。最麻煩的是，類似的記錄會出現在不同朝代的「亡國之君」身上，以致無法判斷到底是因為他們做了這些事導致亡國，還是倒過來，因為他們是「亡國之君」，所以被認為理所當然必定做過這樣的事？不是史書上寫的都是事實，不是史書上寫的我們都要接受、都要相信，讀歷史時，探究史書內容是怎麼來的，和知道史書寫了什麼是同等重要的。

宇文贇退位，將皇位交給才七歲的兒子，於是派楊堅擔任「輔政」。楊堅輔政一度引起宇文氏的恐慌猜疑，有三股勢力同時出兵反對他。然而這樣的騷動非但沒有阻止楊堅，反而讓楊堅得以出兵鎮壓。到西元五八一年，宇文邕去世短短兩年多，楊堅就建立了隋，滅亡了北周。

岑仲勉寫《隋唐史》，日本學者宮崎市定寫中古史，兩人都引用了趙翼在《二十二史劄記》中提出的看法，認為中國歷史上開國立朝沒有比楊堅更輕鬆的了。會有楊堅輕鬆建國的判斷，一部分是因為事情發生得那麼快，另一部分是因為史書上記錄宇文贇做的事情那麼荒唐。看起來好像楊堅不需要特別做什麼，江山就由宇文氏拱手送上來。

不過這個判斷的前提是我們都相信史書上記錄的，或者說我們認定史書上記錄的就是全部的故事、全部的經過。但明明和宇文贇有關的記錄有那麼多不合理、不可信之處啊！單純以宇文贇的荒誕作為來解釋楊堅與隋朝的成立，顯然不夠有說服力。

我們應該進一步追問，宇文邕在規劃和執行伐齊的過程中，北周的政治體制出了什麼狀況嗎？如果不是當時的政治體制中有什麼致命的潛在問題，有什麼重大政策該做而沒有做，或者不該做卻做了，不然沒有道理到他去世時看起來如日中天的北周政權，會那麼快就土崩瓦解，江山易手。

不過這樣的探問，在史料上似乎得不到明確的答案，連能供推論的線索都很少。因為檢別整理史料與寫史書的人，在對待歷史的態度上和我們很不一樣。另外也因為在他們的觀念中，塑造一個典型的「亡國之君」，運用「亡國套式」的敘述就足以交代北周之所以亡、後起的隋之所以興。不只如此，這種方法也足以交代中國歷史上任何一朝之所以亡，以及後起一朝之所以興。

這就是傳統史學的根本限制，不見得我們好奇想問、認為該問的問題，都能在經過「套式」整理的史書或史料中得到答案。這也是為什麼我們必須努力超越傳統史學，重新認識中國歷史的主要原因。

13 長期停滯的南朝VS與時俱進的北朝

楊堅當上皇帝的過程，留著很多無法解釋、無法探究的知識空隙，不過他當上皇帝之後所發生的事，相對就有清楚、堅實的資料。他所建立的隋朝以既有的北周制度為基礎，靠著這套複雜細膩的制度打造出的軍事實力，將之順理成章地運用在攻打南朝上。他所繼承的北周實力，已經遠遠超過南朝陳，不用管陳後主到底有多荒淫，陳朝的政治、經濟、軍事力量都遠遠不足以抵抗在北方興起的這個政權。

顏之推對於南朝有如下的鮮活描述：

> 梁世士大夫，皆尚褒衣博帶，大冠高履。出則車輿，入則扶侍，郊郭之內，無乘馬者。……及侯景之亂，膚脆骨柔，不堪行步，體羸氣弱，不耐寒暑，坐死倉猝者，往往而然。（《顏氏家訓．涉務》）

> 梁朝全盛之時，貴遊子弟，多無學術，……無不熏衣剃面，傅粉施朱，駕長檐車，跟高齒屐，坐棋子方褥，憑斑絲隱囊，列器玩於左右，從容出入，望若神仙。（《顏氏家訓．勉學》）

南朝的士大夫流行盛裝打扮，頭戴大帽子，腳穿高鞋子。打扮的重點在於不方便行動，很難自己走路，遠一點的要坐車，近一點的要人家扶。這種風氣之下，當然完全沒有了武勇精神，城裡城外都看不到這些人會騎馬、肯騎馬的。侯景之亂時，這些士大夫已經嬌弱到皮膚筋骨不堪走路，體質無法承受寒暑變化，稍有變亂就大批大批活不下去了。

官場上是這樣，貴族子弟當然也不可能好到哪裡去。不讀書、不長進，時間精力都花在化妝打扮和嬉遊玩耍上，講究外表和行為要跟一般人區分開來，追求看起來像神仙而不像人……

更關鍵的，南朝遲遲沒有建立起兵制。從東晉「北府兵」以降，南朝軍隊一直維持著半私兵的性質，朝廷無法充分掌握軍隊。南朝皇帝多半從軍旅來，藉由武力當上皇帝，然而政府實質上控制在世家大族的「清官」手中，他們連皇帝都不太看得起，更看不起日常政務工作，雖然權力在手，關心的卻只是讓自己打扮得「望若神仙」。皇帝就算有什麼企圖，想要有什麼作為，都不可能透過這些世家大族子弟或士大夫來進行，導致南朝的國家體制長期陷入停滯，無法發展。

南朝停滯的一百多年間，北朝相對地有了那麼多變化。這些變化產生的新現象，在北周逐漸像拼圖般一塊塊地找到對的位置，拼起了新的國家體制。這樣的國家體制當然不是偶然的，不是天上掉下來的，而是從慕容氏進入中原開始，經過拓跋氏，再到東魏西魏、北齊北周，在宇文泰到宇文邕的北周時代拼好了。然後這樣一套強大完整的新體制交到了楊堅手中，供楊堅運用來建立新的統一朝代。

第二講

隋朝的積極作為與覆亡

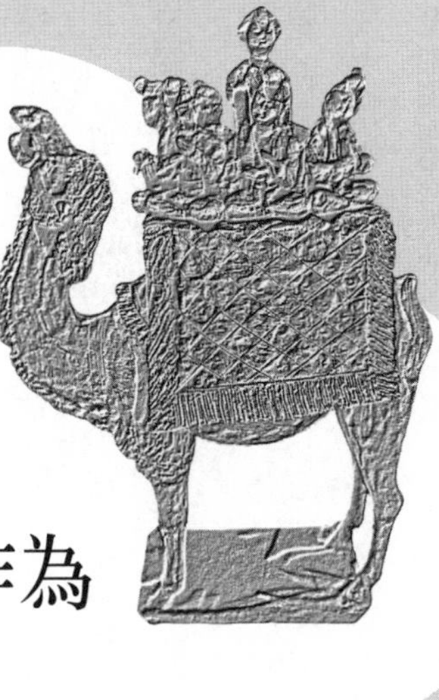

01 地方上廢除郡，改州—縣二級制

清代學者趙翼在《二十二史箚記》中曾論斷：「古來得天下之易，未有如隋文帝者。」楊堅得天下容易，因為看起來都是靠北周打下的基礎。不過他雖然得天下容易，得了天下之後並沒有懈怠，在他的皇帝職位上做了很多事，為後來的大唐治世又添加了許多有利的因素。

楊堅一即位就進行了許多重要的改革，例如開皇三年（西元五八三年），即位第三年，他將通行已久、從東漢延續下來超過四百年的地方制度，即「州—郡—縣」三級制，改為「州—縣」二級制。

東漢末年在原來的「郡縣」之上多增「州」這個層級，是為了整合地方權力。[2]最早的時候，漢朝將全國分成十三州，每個州都是一個相對完整的大單位。到了西元五八〇年，北齊、北周再加上南朝陳，全中國加起來卻有兩百五十三個州。西漢末年，十三州之下有一百零三個郡；到五八〇年，兩百五十三州一共統領六百一十七個郡。在這過程中，州大幅增加了近二十倍，郡增加了六倍。

那最底層的縣呢？西漢末年共有一千五百八十七個縣，到五八〇年，南北加起來，一樣是一千五百多個縣！

這變化很重要、很有意義。一層意義是顯示了中國的縣——地方制度的基礎單位——從秦漢時設立就有其深厚的合理性，所以可以維持幾百年，經歷那麼多不同朝代變動，在數量上沒有巨幅增減。

另一層意義是，相對地，愈上面的單位增加的速度愈快、幅度愈大，而且造成了許多奇怪的現象。有些州雖然稱為州，但轄下卻只有一個郡，也就是州和郡一樣大，實質上等於是郡。還有，在南北一共六百多個郡之中，有高達五十郡，即將近十分之一，底下統管的不到兩個縣。有的底下沒有縣，有的只有一個，有的只有兩個。郡和縣這兩個層級疊在一起了，或者更直接地說，明明只有縣，卻硬是多加了郡在上面。

州、郡這兩級在歷史中不斷擴增，近乎失控了。造成這種情況的主要原因，是國君用創造新的州、郡來討好並拉攏世家大族。像是在南方很普遍的做法，是立「僑郡」，也就是從北方搬到南方來的世家大族，連帶地要把自己的家鄉郡望一起搬來，皇帝就必須替他們在南方新立一個和北方同名的州或郡。又有世家大族子弟要當官，官職不夠用，他們要當「清官」，不能當「濁官」，不會願意真正去治理地方，於是就多加一個州或一個郡，多了州官、郡官，也膨脹了州郡

2　漢武帝元封五年始設十三部，置刺史巡察各郡吏治，但此時的州為監察區而非行政區。西漢末年改刺史為州牧，其後名稱或有變動。東漢光武帝時，刺史始常駐地方。至東漢靈帝中平五年，正式賦予州牧領兵及行政權，成為州郡縣三級制。

的官僚體系。

五八三年，隋文帝楊堅就下令將中間的郡這層廢除了，只剩下州和縣。這是在打下陳朝、統一全國之前，光是在北方，一下子就減少了三分之一的地方官位。官位、官職當然直接牽涉到人才晉用問題，少了官位、官職，競爭程度必然隨之增加，於是到了開皇七年，楊堅連帶做了重要的決定，那就是廢除從曹魏以來的「九品中正制」。

02 人才晉用上廢九品中正，建立貢舉制

廢除九品中正制，取而代之的人才晉用辦法在當時稱為「貢舉」，下分三科：秀才、明經和賓貢。到了隋煬帝時，「賓貢」這科再分成兩科，一是「進士」，另一是「俊士」。這也就是後來「科舉」最早的形式。

不過這時候的貢舉制度，在精神與效果上，和後來的科舉還是有相當大的差距。科舉最大的歷史作用，是打破世家大族對於朝廷人才運用的壟斷，得以拔擢沒有門第身世背景的人。剛廢除九品中正而建立貢舉時，楊堅的用意並不在此。他要處理的，是開皇三年地方制度改革中，政府

官僚體系縮編所造成的人才競爭問題。

官位變少了，就必須用比較嚴格的方式考查要當官的人。貢舉制度等於是多增一層考核機制，針對的仍然是門第中人，要從有身分資格可以當官的人之中，篩選出較小比例的人才。制度設立本意如此，然而因為所選擇的考查方式，結果到後來就產生了改革世族把持人才晉用管道的作用。

這套辦法在歷史上通稱為「科舉」，也就是「開科舉士」的縮寫。這裡的「科」字，本意是考核、考試，而因為要考核考試，所以有了引申意，那就是「分科」。「開科舉士」和「分科取士」這兩種意義在後來的歷史上都很重要。

開科舉士表示在原來的九品中正制之外，要有新的標準。九品中正是主觀的，由中正官來評定；「開科」則多了一個過程、一個儀式，建立了一套考核考試的客觀標準。

分科取士針對的是九品中正制中從全人、全才角度來評斷的方式，一個人只會得到一個「上上」或「下下」的總評級別，這樣的評估方式不符合人才運用需求。所以要「分科」，要分別看待一個人的不同能力，知道這個人、這些人在哪些特定方面有突出的才能。

開科舉士和分科取士這兩種辦法，是將人才晉用管道從世族手中開放出來的關鍵因素。

03 廢鄉官和恢復「本籍迴避」

九品中正制由人來考評，後來現實上的做法是，負責考評的官員很自然地將自己知道的、和自己同屬世家大族的評為中等以上，其他那些他不認識、出身較低的就評為中等以下。考評者的主觀，他認識與否，有很大的左右空間。然而「開科」之後，有了考試，情況自然就改變了，不可能從出身背景限制來參加考試的人，來考了也不能取消他通過客觀標準的事實。如此一來，身分差異與考試客觀標準之間就產生了衝突。

隋文帝楊堅是中國歷史上數一數二堅持合理原則的帝王，看到不合理的安排就要改。地方三級制演變得不合理了，他就改成二級制；二級制造成了人才競爭，在原有的九品中正制下無法解決，他就新創貢舉制以提供解決之道。原來的身分差異和考試的客觀標準間出現了衝突，他就在貢舉制中訂定「投牒自進」或「懷牒自列」的辦法，讓一些得不到推薦的人，可以自己報名參加考試。於是原本是為了在世族內部因應官位減少、競爭加劇的篩選制度，逐漸變成朝廷對世家大族以外人才開放的契機。

行政制度上另外一項重要改革「廢鄉官」，發生在開皇十五年（西元五九五年）。這是對於南北朝末年「州官」、「府官」雙重並行制度的改革。

州官是從漢代的地方行政系統一路延續下來的，是原有的地方官衙，像主簿就是州官系統中的重要職務。府官呢？那是從後來的軍事體系脫化而來的，像長史、參軍就是府官系統中的重要職務。本來是一民一軍兩個系統，一個是平時的，一個是應付非常狀況的，然而到後來就算不打仗了，軍事系統一旦建立了沒那麼容易廢除，於是府官也變成常設的，形成了地方機關裡既有州官、又有府官的普遍現象。

「廢鄉官」就是廢除州官系統，只留府官。這不只是簡化機關、縮少員額而已，影響更大的是隋文帝的選擇。州官是舊有的地方系統，任用權操縱在地方首長手中。府官不一樣，為了因應軍事行動統一節制所需，理論上都是由中央朝廷派任，才能收到避免地方在軍事行動上各自為政的效果。會形成州官、府官二元並行制，一部分原因也在於州官掌握在世家大族手中，朝廷管控不了他們的用人權力。雖然府官中也多是豪門，然而其軍事淵源保留了由朝廷派遣的辦法。

廢除州官、留下府官，也就是確立地方官從此由中央派任的原則，一直到縣級的長史、參軍都要由中央派任。同時又恢復了漢朝地方官系統中的「本籍迴避」原則，派任時不會把人派回他的出生地，即原籍所在之地當官。如果你是荊州人，那就一定不能到荊州擔任長史、參軍以上的官職。

這些制度都發揮了抑制世家大族勢力的作用。在位十五年後，隋文帝楊堅顯然累積了對付世家大族的成果，才能進行「廢鄉官」的改革，還恢復了「本籍迴避」的規定。從此「本籍迴避」就穩固地確立為中國官場的鐵律，到了近世之後，成為中國文人文化形成的重要基礎。

世家大族的特性是在地方上的根本影響力，「本籍迴避」使得世家子弟不得在自家有勢力的地方當官，一旦換到別的地方去，世家子弟當然就沒有那麼大的權力，也就無法抗衡朝廷。這在裁抑、縮減世家大族的力量上大有功效。

此外，到了宋代以後，「本籍迴避」的規定又進一步創造了中國文人的集體意識。「本籍迴避」實質上讓文人和地方利益脫鉤，要追求官場生涯上的成就，就必須離開家鄉到別的地方去。長久下來，構成官場的文人集團認同，超越並取代了有限的、固定的地域認同，產生了很不一樣的近代文人意識。中古時期講究「郡望」，一個人的身分首先看你是哪裡人、姓什麼，但到了近世，重點變成你是否具備可以進入官場的文人身分，是否擁有文人的文化素養與能力。文人和社會上的其他人區別開來，文人自身不論來自何處，有著自然的認同連結。

這樣的力量，大有助於克服原本農業環境中的地理風土區域化。不同的地理風土不會構成文化上的區隔，一部分就是靠「本籍迴避」的官制原則。

04 「輕賦」使得國家人口增長

南北統一（西元五八九年）之後，先是靠著州縣二級制的確立，隋文帝將官僚系統有效減肥，員額減少了四分之一到三分之一左右。再到廢鄉官的改革，原本南北兩個朝廷所任用的官員，減到只剩下原先的三分之一。而且三分之二沒有繼續任官的，很大比例是世家大族成員。於是一來世家大族對朝廷的控制和影響大幅下降，二來朝廷的開支也大幅儉省。

對於從官僚人事上儉省下來的開支，隋文帝也有合理、積極的安排。最合理、最積極的做法就是「輕賦」，減輕一般人民的負擔。隋代繼承了北齊的「丁中制」。所謂「丁中」，是「老丁中小」的簡稱，也就是將男丁按年紀分為四等：十五歲以下是「小」，十六歲到十七歲是「中」，十八歲到六十五歲是「丁」，六十六歲以上是「老」。如此分類與勞役有關，「小」一般不必負擔勞役，「中」的負擔是「丁」的三分之一左右，「老」則更少或不必負擔。

開皇二年（西元五八二年），隋文帝下詔改「丁中制」，先是將原有的四級制改成五級制，在「小」之下多加一個「黃」。「黃」來自「黃口小兒」、「黃毛丫頭」，是中國傳統上對兒童的稱呼。新制中，三歲以下叫「黃」，連帶調整了四歲到十歲為「小」，十一歲到十七歲為「中」，十八歲到五十九歲為「丁」，六十歲以上為「老」。

調整之後，很明顯地，「老」的標準降低了六歲，可以早六年減輕勞役負擔。從另一個方向，原來就不必承擔勞役的「小」之外又多了「黃」，等於是「負勞役」的概念，由朝廷對三歲以下的幼兒提供補助。

才過了一年，開皇三年，隋文帝再將「丁」的年齡改成二十一歲，等於又多了三年可以不用負擔完全勞役的寬限。到隋煬帝時，更進一步上修「丁」的年限為二十二歲。

進行官僚瘦身之後，國家財政有了餘裕，隋文帝就將餘裕落實在人民賦役的改革上。輕賦之後，朝廷對於人民的要求降低，當然就提高了人民成為國家編戶齊民的意願，擠出更多原本屬於貴族莊園或寺廟的人口。加上之前北周武帝對寺院經濟進行的大幅打擊，於是總體的效果就呈現在國家人口增長上。人口愈多，朝廷收入連帶成長，而且每個人的平均負擔也必然隨之下降，形成了正循環。

到隋文帝去世、煬帝繼位時，朝廷登記的戶籍中，北方有五百五十九萬戶，南北相加達到八百九十萬戶，口數則是四千六百萬人。幾百年來不曾有一個朝廷可以擁有這麼多的人民，朝廷也就有更好的條件削弱世家大族控制人民的力量。

05 中古城市典型：宇文愷重建的長安城

愈來愈多人接受國家授田，成為編戶齊民，國家也就掌握了愈來愈龐大的人民勞動資源。國家要如何運用這些勞役資源呢？要探究這個問題，我們應該認識一個過去在歷史上被忽略的人──宇文愷。在隋文帝、煬帝時期，宇文愷做了三件重要的事。

第一是重建長安城。從談漢末的歷史以來，我們一直提到「關中殘破」，連續的戰亂使得原有的長安城早已不復規模，更不必提有什麼城市的繁華景況。這時藉由人民提供的勞動力，隋朝有了條件重建規模驚人的新長安城（隋稱為大興城）。這座建於開皇二年的長安城，面積有八十四平方公里，東西長約九．七公里，南北寬約八．六公里，城牆周圍將近四十公里。北魏建造平城和洛陽，就採用類似的方形模式，不過在規模上比隋代的長安小得多。

新長安城是「城內有城」。北邊有一處「宮城」，那是皇宮所在，也就是皇帝住的地方。宮城以南有「皇城」，那是中央政府機構所在的地方。圍著宮城和皇城，又有「外郭城」。

外郭城開向「六街」，就是六條大街，另外還有其他垂直的小街，就將城內大部分空間隔成一塊一塊的方格，鳥瞰下來像一個圍棋棋盤。城內有兩個比較特別的地方，東西對稱安排，那就是「東市」（隋稱為都會市）和「西市」（隋稱為利人市），是主要的商業交易空間。其他的一個一個方格是居住區，每一格稱為一個「坊」（隋稱為里）。這樣的格局就稱為「市坊制」。

光看街道劃分，長安的地圖類似紐約的曼哈頓，都是由垂直交會的線條構成的。不過再細看，長安和曼哈頓大不相同，因為每一個街道直角相交形成的坊，都有各自的「坊牆」，只能經由「坊門」進出這個小區域。坊門一般從黃昏之後到清晨之前是關閉的，夜晚不許進出。所以長安是一座包括了好多小城區的大城。

坊門每晚關閉，等於是住在裡面的人都必須遵守宵禁，天黑前沒回到坊內就回不去了。每年當中只有一次例外，那就是上元節，會有三天不閉坊門。這就是為什麼元宵燈會那麼熱鬧、那麼重要，因為那是難得僅有的城市夜生活，也就難怪後來的才子佳人小說都選擇元宵燈會作為關鍵場景，那的確是長安城中最熱鬧的時刻。

因而這樣一座城市，和我們今天的經驗、想像其實很不一樣。那時的長安城是封閉的，走在街道上兩邊都是坊牆，舉目所見都是牆，看不到什麼別的。

這是中古城市的典型。到了近世，宋代以後，中國城市出現了巨大的變化，那就是打破「市坊制」，將坊牆都拆掉了，因而北宋的汴梁城不見得比隋朝的大興城大，但城市的熱鬧卻必定數倍於隋大興。《清明上河圖》顯示的是相對典型的近世城市，還是有城牆，然而城裡城外來來往往都是人，有著許多開放空間，創造了各種熱鬧。都是大城市，中古的長安和近世的汴梁有著很不一樣的景觀。

06 洛陽東都的興建和運河、官倉系統

宇文愷參與的第二項大工程，牽涉到隋煬帝決定要恢復洛陽為東京，也就是重建「雙都制」，於是又在洛陽打造了一座規模小於長安，但比長安更精緻、更華麗的新城。洛陽城也是由宇文愷負責建造的，在大業元年（西元六〇五年）起建，只花了十個月時間就蓋起來。洛陽在東邊，更靠近南朝，對隋煬帝來說自然產生了高度誘惑，隔年（西元六〇六年）煬帝就正式將國都從長安遷到洛陽。到了唐代，武則天也一度定都於洛陽。

隋唐兩代基本上維持著「雙都制」，有時還擴充為「雙重官制」，也就是長安一套、洛陽一套，洛陽的官地位低一點、權力小一點。唐代士人的官職資歷有各種身分頭銜，侍郎、尚書等等，然而如果真要弄清楚官場起落伏升，必須更進一步考究他所任的是長安的官還是洛陽的官。同樣的官名，在長安有實權，在洛陽很可能是退休養老的禮遇。也因此造成了這兩座城市很不一樣的個性與氣氛，長安是政治中心，洛陽相對經濟、文化比較發達，也就比較消閒安逸。

雙都制不單純只是建設了東都洛陽而已。在當時的現實情況下，「雙都」有其高度必要，甚至可以說，如果沒有「雙都」，長安根本就無法維繫下去。長安所在的關中地區，其生產水平已經不足以維持一座都城，新建了洛陽，抬高了洛陽的地位，於是洛陽就成為重要的轉運中心，將

從東邊、南邊來的米穀送到關中。長安離富庶的南方生產中心太遠了，這條補給線拉得很長，需要洛陽作為中轉。

因應補給線的需求，而有了宇文愷主持的第三項大工程，那就是廣通渠。廣通渠是隋文帝時興建的一條運河，連結長安到黃河。原本應該是從長安順著渭水可以航行入黃河，但渭水的水流極不穩定，於是文帝就命宇文愷另闢一條人工運河，提供從長安到潼關黃河的穩定航道，以利從首都到其他地方的水運交通。

廣通渠是隋代的運河系統中最早興建的一段，到煬帝時又增建或修復其他幾段。廣通渠之後有永濟渠，從洛陽往北到涿郡。還有連絡黃河和淮水的通濟渠，連絡淮水和長江的邗溝，以及從長江再向南連接到餘杭的江南河。

這幾條運河清楚告訴我們中國農業生產中心持續南移，北方必須依靠南方的接濟。南北交通傳統上很早就有馳道系統，不過到這時交通所需主要不是人的移動，而是貨，尤其是大批食糧作物，陸路運輸成本太高、運輸量不足，因而要有新的水路運輸安排。

東方、南方的食糧作物經由不同管道匯聚到東都，在洛陽附近和水道要地設立了「官倉」系統來儲放，等待轉運。這些官倉規模龐大，史書上提到的洛口倉、河陽倉、廣通倉等，都是大倉。廣通倉、河陽倉在文帝時就創設了，並且及時派上用場。有一年遇到關中歉收，長安食糧短缺，文帝不得不「攜百官就食洛陽」，靠的就是河陽倉中儲存的穀米，據說滿倉時可以裝得下三百萬石。

今天的考古挖掘找到了這個系統中相對沒那麼有名的含嘉倉，依照實際丈量估量，含嘉倉在唐朝擴建後可以裝得下五百多萬石的米穀。不過，河陽倉或含嘉倉和洛口倉相比，就不能算大了。洛口倉滿倉的容量高達兩千兩百萬石。

藉著運河及龐大的官倉系統，隋代得以將國家農業生產的剩餘有效地集中到洛陽附近，適當時機再往西運送補給長安。如果沒有這樣的兩都制與生產剩餘聚積，長安是無法維持繼續作為政治中心的。從隋到唐，原本天然物質條件上已經無法維繫的西方中心，就靠著人為的建設努力而得以保留，這是中國歷史上另一個重要現象。

隋代開鑿的永濟渠，功能和其他運河不一樣。永濟渠向北延伸，從地理上看，刻意安排穿越了原先北齊國土的中心，指向鮮卑族的起源地。隋朝將原先北齊的領土區域稱為「山東」，指的是太行山以東，不是今天的山東省，而是偏河北這邊。這地方對隋來說，仍然帶有征服地的性質，所以要有方便的交通以利快速軍事行動。

「山東」的背後，還有鮮卑人的舊根據地，也是隋朝必須提防的。煬帝時大張旗鼓攻打高句麗，主要就是因為在東北方的高句麗和新興的草原民族靺鞨結盟，和鮮卑崛起的過程很相似，讓隋朝不能輕忽、不能容忍。

07 戶籍上大搜隱匿，力役資源過度役使

建長安、開運河、造洛陽，主持這三項大工程的宇文愷，絕對稱得上是中國歷史上名列前茅的大工程師、大建築家。可以設計挖掘廣通渠，可以在十個月內將洛陽新城蓋起來，多了不起！

宇文愷的成就當然不是他個人的，更重要的是他代表了那個時代新興的國家力量。為什麼會有宇文愷，會有這樣的大工程？因為有千門萬戶過去被貴族、寺院控制的人口，現在透過均田及相關的新制度、新改革擠了出來，統納在朝廷之下，提供了能讓隋朝運用的眾多勞動力。

國家有了四千多萬登記人口，也就有了比過去大為增長的賦役勞動。隋文帝、煬帝他們必須找到方法運用這些賦役勞動。由國家授田，得到國家照顧的人民，應該負擔勞役，而且基於公平原則，朝廷有責任找到事情來用掉這些義務勞動力。同樣都是來自授田的連帶勞役責任，如果有人要工作，有人卻可以不必，不公平的情況一定會鼓勵逃避，甚至使得需要承擔勞役的人基於相對被剝奪感，而有了從戶口中逃亡的動機。

逃亡、隱匿就不需要對國家負擔租稅，對朝廷來說是傷根害本的大問題，因而在文帝朝時曾經「大搜隱匿」。這兩次大搜隱匿都是由高熲負責的。高熲第一次設計的具體做法叫做「大索貌閱」。那個時代當然沒有照片可以查對，也不可能每個人都有畫像存檔，不過透過仔細查看外表

面貌，至少可以檢驗年齡是否正確。

「大索貌閱」落實了丁中制，登記上十一歲的人，看起來已經十八歲了；或是登記上說六十五歲，一看明明不可能超過四十歲，就會被糾察出來。文帝時一次，煬帝時又進行了一次，朝廷責成地方政府，發動大批人力來查對，結果替國家多了幾十萬丁。

第二次大搜隱匿的做法，則是「輸籍定樣」，這是專門的行政術語，指的是統一戶籍登記的等級格式。由中央給予記載戶籍的分類項目，要嚴格依照項目規定來寫，如此清楚地區別出什麼戶等的人應該做什麼，有怎樣的義務與責任。

兩種「大搜」，從「大索貌閱」到「輸籍定樣」，都是為了公平，讓國家的編戶齊民依照規定有公平的負擔。好不容易新建立的國家和人民間的關係，是經不起不公平帶來的破壞。不能說一部分的人服力役付出了辛苦的二十天，另一部分的人可以不用服役，或是輕鬆地吃二十天的窩窩頭就回家了。

為了維持公平，也得找到夠多的事、夠多的公共工程來消耗如此龐大的勞動力。光是一座新的洛陽城，在十個月內，每個月平均動員兩百萬人次的人力，用的就是這份勞動力。長久以來，朝廷統治者不曾控制這麼多人口，更不會有這種規模的勞動力。然而一旦開始將力役動員用在公共工程上，很快就成為習慣。

本來認為洛陽城的勞動動員簡直是奇蹟了，但之後又有了動員更廣的幾條運河修築，在煬帝時幾乎是同時進行，靠的都是國家新掌握的力役資源。也就是到了煬帝時，國家習慣了大量役使，以至於不斷擴張人力運用的規模，很難停止了。

煬帝興建了運河之後，接著就「南巡」。第一次南巡有將近二十萬人隨行，船隊前後綿延近兩百里。這樣的船隊在運河上如何航行？不是靠風帆，也不是靠船上搖槳，而是兩岸有人拉縴而行。光是拉船的人，又有八萬人之多。

整體算下來，煬帝南巡沿路前後動用了四百萬男丁。這麼一比，建洛陽城的每月兩百萬人力還真是小兒科啊！而且這四百萬男丁還是在已經動員挖掘運河系統之後，國家已無法避免陷入過度動員的疲憊狀態。

隋文帝最大的貢獻是讓人民願意出來納入國家的戶籍中。相較於國家給予的授田好處，人民對國家需要承擔的義務很輕，於是南北同時逐漸恢復自由小農的基礎。中國古代農業一直維持著小農性質，基本上是投入大量勞動力以換取收穫的精耕制，而不是粗放農業。中古改變了這種情況，莊園土地面積廣大，運用的是非自由的人力，沒有自由的人缺乏生產動機，實際生產效率必然下降。

恢復小農生產，提高生產動機，也就必然連帶提升了生產力。不過也因為是勞動密集的生產，小農制最怕的就是勞動力中斷，小單位很難找到替代勞動力，一旦停止勞動投入，收成就跟不上了。

隋朝末年發生的動亂，就是因為國家對人民役使過度，太多男丁從土地生產、農業投入中拉出來，勞動力中斷立即造成了歉收，經濟和社會因而面臨嚴重的不穩定狀況。

08 隋文帝和煬帝的南方情結

傳統上多以隋煬帝楊廣的「好大喜功」來解釋耗費鉅資的南巡。用這種誇張方式進行南巡，當然反映了煬帝的個性，不過除了誇耀炫示之外，我們還應該看到煬帝個性上另外的問題。那就是他身上有著嚴重的「南方情結」。

這種南方情結其實在文帝身上也看得到，但文帝的程度沒有那麼嚴重。放進歷史脈絡中，這兩位皇帝的南方情結不難理解。他們來自北方，控制了強大武力，快速征服北齊，然後又征服了南朝陳。他們心中早有對南朝繁榮富庶的嚮往，也明白南朝世族的文化地位，尤其是他們對於武人的輕蔑態度。因而雖然取得了政權、統一了南北，他們心中仍舊有著「南富北窮」、「北野南文」的長期自卑感，對於南方是既羨慕又嫉妒，甚至帶有幽幽的恐懼感。

許多現象都反映出他們的這種南方情結。例如文帝即位之初，最重要的大政方針是「復漢魏之舊」。「復漢魏之舊」也就是要跳過整個北朝，將自身的政治合法性建立在接續南北分裂之前的狀態。

文帝即位後，有很多「復漢魏之舊」的做法。其中一項是開皇三年修訂完成的刑律，稱為《開皇律》。《開皇律》對於後來的《唐律》影響很深，透過《唐律》，我們可以復原部分《開皇律》的原則與內容。今天的成語裡留下一個說法，叫做「十惡不赦」，我們用這個成語形容罪大惡極的行為，卻不曾去追究所謂「十惡不赦」指的到底是哪「十惡」？

「十惡不赦」來自《開皇律》，特別訂了十項重罪，嚴重到什麼程度呢？就連皇帝大赦天下時，犯了這十項重罪的人都不能得到赦免。《唐律疏議》中留下了「五刑之中，十惡尤切」的記錄，並且統納了這「十惡」的基本性質。什麼樣的「惡」最嚴重？殺人放火、叛國通敵，還是貪汙瀆職？都不是，是「虧損名教，毀裂冠冕」。[3]也就是說，要以最嚴格的刑律去維持「名教」和倫常之理。針對的是魏晉以來傳統倫常遭到破壞的情況，因而要用重典予以恢復，明顯是「復漢魏之舊」精神下的表現。

開皇五年，文帝又訂定頒行了一套《開皇禮》。新的朝代一建立，就有了自己的「律」、自己的「禮」，到開皇九年又完成了南北統一。征服南方之後，文帝下令重修《開皇禮》，為什麼才剛確立的王朝新禮法要急著作廢重修？還有，到煬帝登基之後，為什麼又用他在揚州召集南方學者編纂的《江都集禮》來修改廟制？

那是因為政權延伸到南方之後，以皇帝最高地位來表示：北方人對於「禮」的認知與修為比不上南方人，因而必須延攬南方更高明的禮學專家，集合多年來高度發展的南方禮學，才能修出新王朝的定案新典。修禮過程中明確地抬高了南方世家的身分，正是文帝、煬帝「南方情結」的表現。

雖然從北方打了天下，文帝、煬帝卻認為真正知禮的，真正繼承「漢魏之舊」的是南方。南方有什麼？有讓煬帝羨慕的文學藝術。作為最高統治者，煬帝心中念茲在茲南方的文化成就，常常要強調自己的文學才情「不輸南人」。要特別突出「不輸南人」，這當然就有情結了，一直意識到南方生活較為舒適華麗，南方的文化比北方高。

從這個角度，對於煬帝的三次南巡，我們不能只看到奢華誇耀的部分，要看到「南」的因素。要到南方去，輸人不輸陣，重點是要去向他心目中比較繁華、比較有品味的南方，展現自己統治的新王朝「不輸南人」。

09 煬帝三征高句麗，好大喜功背後的隱憂

隋代楊家起自西北的關隴集團，卻長期羨慕南方。《江都集禮》的名稱另外反映了重要的歷

3 《唐律疏議》云：「五刑之中，十惡尤切，虧損名教，毀裂冠冕，特標篇首，以為明誡。其數甚惡者，事類有十，故稱十惡。」這十惡分別為：謀反、謀大逆、謀叛、惡逆、不道、大不敬、不孝、不睦、不義、內亂。

史事件，那就是煬帝打算遷都江都，把國都搬到南方。這項計畫還有一個動機，那就是他對原先的北齊地區及鮮卑人的勢力，始終感覺芒刺在背。

傳統上認定煬帝「好大喜功」的證據，還包括了從大業八年（西元六一二年）起，連續三年發動三次征伐高句麗的戰爭。不過除了好大喜功外，攻打高句麗應該還有他對於東方局勢的憂慮判斷。鮮卑人崛起的東方，對煬帝來說一直是新王朝的威脅。鮮卑人舊居地現在多了一支靺鞨，靺鞨又和高句麗連結，讓煬帝極為不安。

高句麗長期是中國各朝的屬國，南北朝時期高句麗向北朝、南朝分別入貢，不過靺鞨興起後，高句麗有了武力後盾支持的野心，文帝朝時就曾經和靺鞨聯合從遼東入侵遼西。隋代第一次出兵高句麗，是文帝在位的開皇十八年（西元五九八年），所以可以說對東方局勢的防範，是文帝傳給煬帝的一貫國家策略。

隋代對東方高句麗與靺鞨結合的變化格外不放心。文帝出兵一次，到了煬帝更是非得確保高句麗完全臣服不可。為了達成目標，朝廷進行了驚人的動員。第一次出兵高句麗，動員了三百多萬人，其中真正作戰的人員大約一百二十萬，有三十萬人攻到了今天的平壤。而這三十萬人最後只有兩千七百人生還。打得如此慘烈，關鍵的因素是天候。到那麼北邊的地方，適合作戰的時間很短，四月以後才開春解凍，七、八月進入雨季，大大限制了軍事的運用。

連帶的問題是，有著南方情結而且看重外表炫耀的煬帝，把這樣的大型軍事動員弄得更複雜、更浪費，也就更缺乏時效。出兵打仗時很多人力、資源都耗費在禮儀和排場上。要動員三百多萬人才能將一百二十萬人送到高句麗，一百二十萬人中又只有四分之一到達主要戰鬥場域參戰。這過程中多少遷延，怎麼能應付受天候嚴格限制的作戰日期呢？

靠著北周府兵建立的軍事力量是很強大的。隋兵南下攻打陳朝，根本就沒有遇到什麼抵抗。從文帝征服南朝的五八九年到煬帝征討高句麗的六一二年，也才過了二十幾年，怎麼會就打不贏了？重點不在隋朝軍力弱化衰微，而在兩場戰爭的目標與方式不同。

南向的軍事行動有著清楚的領土擴張目標，打到哪裡就占到哪裡，也就可以利用比較富庶的南方進行補給。向北打高句麗，最大的問題就在沒有擴張領土與統治的企圖。如果要占領土地，打下一個地方可以先停在那裡，安排後續的補給或進攻步驟。隋朝打高句麗卻只是要高句麗投降，然後就退兵，給自己製造了很麻煩的後勤運輸及戰略選擇問題。

短時間之內，南巡動員了四百多萬人，征高句麗又動員了三百多萬人，將如此龐大的人力自農業生產上抽離出來，當然會使得農業生產下降。農作歉收，農民吃不飽，這是再實際、再嚴重不過的問題。

10 關隴集團的挫折與分化

迅速燎原的隋末大亂，其中一項條件是文帝、煬帝完全料想不到的。這個時代的農民遇到吃不飽時，他們有明確的目標知道到哪裡去找食物。因為有官倉系統，官倉之所在就是食物之所在，也就是饑民目標之所在。

隋末最早興起的反朝廷組織之一是瓦崗軍。那是洛陽以東的農民，從造新城、修運河、南巡到征高句麗等，此處是過度役使造成農業破壞的嚴重區域。而他們離洛陽不遠，知道洛陽有大批存糧，自然就集結蜂擁而來了。

官倉有糧，但中央機制來不及反應，沒有主動開倉賑濟，於是饑民就組織起來成了瓦崗軍，到興洛倉（即洛口倉）搶糧食。興洛倉淪陷，「開倉恣民所取，老弱負繈，道路不絕」（《隋書．李密傳》），也就是附近吃不飽的人都來了。到興洛倉來就食的，都化身變成了瓦崗軍，難怪隋末的情勢會變化得那麼快、那麼嚴重。

洛陽這一帶，是隋自西邊興起之後才占領的，更東邊另有原先和北齊合作的山東豪族。北齊滅亡之後，隋對這個地區一直有對付占領區的歧視態度，以至於一旦農作歉收造成農民叛變，很快地對隋有所不滿的山東豪族，也就跟著起而反對隋朝廷。

山東豪族認定隋是西方來的關隴集團政權，然而原來的關隴集團卻也不覺得隋跟他們有那麼密切的關係。他們眼中看到的，是一位有著嚴重「南方情結」的皇帝，在用人和施政上都明顯偏向南方。

文帝一朝占居要津的大臣，大多來自關隴集團，但是到煬帝時就不一樣了。煬帝朝有所謂的「五貴」，指的是宇文述、蘇威、裴矩、裴蘊和虞世基五人。宇文述是鮮卑人，來自北方；蘇威的父親是蘇綽，追隨宇文泰打天下的，蘇姓是關隴集團中的大姓。這兩人屬於關隴集團。其他三個人，裴蘊、虞世基是南方人，裴矩則來自北齊。這時候，最顯赫的五個人中，關隴集團只分到兩個。

從文帝到煬帝，關隴集團累積了很深的挫折和不滿。文帝以節儉聞名，原本所立的太子楊勇，就是因為表現得太闊綽奢侈，所以被文帝廢掉。文帝不只在錢財上計較，他很勤勞也很會算計，非常重視細節。反映在用人上，那就是不放心、不信任的態度，也就是好猜忌。

隋文帝楊堅在宇文泰之後取得大權，但他的性格和宇文泰形成強烈的對比。蘇綽死的時候，宇文泰親臨葬禮，而且痛哭到無法自持。相對地，楊堅讓左右留下最深刻印象的，卻是對有背叛嫌疑的大臣，他不只將之處死，而且會堅持親臨斬決。關隴集團眾人心中還留有宇文泰的作風為對照，更覺得楊堅格外冷酷無情。關隴集團和文帝的關係愈來愈緊張。高熲被罷黜過，蘇威被罷黜過，還有虞慶則是被文帝判了死刑，而且由文帝親臨執行的。

使得關隴集團內鬨的，還有太子之爭。原來的太子楊勇和後來的太子楊廣兩人持續相爭多年。繼位者之爭必然造成朝中派系，有楊勇派，有楊廣派，各擁其主，同時冀望自己擁護的對象成為皇帝後可以給自己帶來巨大的權力機會。高熲選擇支持楊勇，楊廣即位為煬帝後，當然就罷黜、整肅高熲等人，於是關隴集團實質分裂為至少兩大陣營。到後來，關隴集團已經不再是原來那樣具備集體影響力的權力單位了。

關隴集團中，涉入太子之爭卻支持楊廣的重要角色是楊素。煬帝即位後，楊素一度握有大權，可是後來楊素的兒子楊玄感在當禮部尚書時，竟趁煬帝征伐高句麗時公開反抗朝廷。楊玄感之反，象徵了關隴集團進一步的分化瓦解，也成為促使隋朝滅亡的重要因素。

第三講

初唐、盛唐、中唐、晚唐

01 唐朝：非貫通一致的時代

唐朝當然是中國歷史上的重要朝代，肇始於西元六一八年，結束在九〇七年，存在了將近三百年，在帝國體制建立之後，只有漢代——西漢加上東漢的四百年時間——比唐代長。相較於漢朝，沒有中斷、沒有分成前後或東西的唐朝，感覺上就更長、更完整了。

一般說到中國歷史上的盛世，習慣是漢唐並稱的，除了時間長，另外一項特色是統一。漢朝繼承秦，將原本分裂的戰國予以統一；唐朝也繼承隋，收拾了長期分裂的南北朝狀態。

不過回到史料上重新認識中國歷史，卻要先對一般觀念中唐朝的這兩項特色——時間長與政治統一——有所保留。唐朝歷史上關鍵的大事「安史之亂」，發生在西元七五五年，亂局中當時的玄宗皇帝倉皇出走，他的兒子即位成為肅宗，奉玄宗為太上皇，實質上是強迫解除了玄宗的皇帝職位。

這是驚天動地的政治大變局，而變化的幅度還不只於此。花了很久時間、費了很大工夫才平定的安史之亂，留下了嚴重的後遺症，那就是「節度使」在地方上取得實質統治權力，中央號令無法貫徹的「藩鎮割據」局勢形成了。從此一路惡化，武人控制的區域愈來愈廣，政治愈來愈不安定，以至於出現了後來快速更迭的「五代」，和據地為王、高度分裂的「十國」。

也就是說，統一的唐朝存在的時間，事實上沒那麼長。

唐朝是個輝煌的朝代，在中國歷史上留下了深刻的影響。一直到今天，很多孩子最早接觸到中國傳統文化，就是讀唐詩、背唐詩。也有很多孩子以為所有的傳統詩都是「唐詩」，以「唐詩」涵蓋了中國的傳統詩。

從歷史的角度認識唐詩，有一個清楚的分期架構：王勃、駱賓王、陳子昂的初唐；李白、杜甫、王維、孟浩然的盛唐；李賀、白居易、元稹的中唐；杜牧、李商隱、溫庭筠的晚唐。這個分期架構在詩的理解上有其道理。的確，這四個時期的唐詩不論在風格或寫法上，甚至在詩的題材內容及詩人的個性關懷上，都有清楚的差異。於是換另一個角度，我們也就能夠明白，唐朝的社會、生活、文化普遍經歷了這樣四個不同階段的變化，才會對不同時代的詩人產生全面的影響，塑造出他們不同的詩風。

唐朝不是一個貫通一致的時代，從皇朝統治形態、經濟發展基礎到社會活動性質，方方面面都可以分成四個段落來看待，如此更能看清楚唐朝的面貌。

02 一個唐朝，四個很不一樣的階段

為什麼要重新認識中國歷史？因為許多過去呈現中國歷史的模式，經常反而成為阻礙我們更深入、更準確地把握中國歷史的障礙。一個有必要一再檢討的傳統歷史觀念，是朝代史的概念。以朝代為單位來看歷史，會讓我們先入為主地假定了朝代內部的連續性，不自覺地認為唐朝從開始到結束基本上都是一樣的，於是這三百年間的斷裂或不連續現象，往往就受到忽略。

從朝代史的角度看，宋、齊、梁、陳是四個先後更替的朝代，講述時就一定會視之為分開的四段時期，要交代、解釋四段時期的變化。也就是說，這四段時期中所發生的改變、相異會被強調，而四朝之間的相似、延續就會被忽略。這樣的認識讓我們很自然地以為，這段時期的歷史變化，會比延續了將近三百年的單一朝代唐朝來得激烈。

但這不見得是事實。至少沒有必然因為是四個朝代，從西元四二〇年到五八九年這一百七十年間的轉折變化就大過唐朝。如果從求異、探求變化的角度看，唐朝四個階段彼此間的差異性，應該是多過宋、齊、梁、陳的。

初唐始自西元六一八年，延續到武則天稱制結束的七〇五年，大約有九十年。盛唐最有名，人才輩出，經濟文化繁華發展，但在四個階段中其實是最短的，從唐中宗復位的七〇五年到「安史之亂」爆發的七五五年，只有半世紀五十年。肅宗之後是中唐，這段時期的一個關鍵事件是憲宗之死，而且是死於宦官之手，那是八二〇年，終結了中唐時期，轉而進入更混亂的晚唐。

看唐代的世系表就很明顯，從高祖到憲宗，除了中間武則天之變外，基本維持著乾淨俐落的一代一位皇帝的規則。高祖傳給太宗，太宗傳給高宗，高宗之後是中宗，中宗之後是睿宗，睿宗傳給玄宗，玄宗傳肅宗，肅宗傳代宗，代宗傳德宗，德宗之後是順宗，然後是憲宗，一脈相承。除了中宗李顯和睿宗李旦是兄弟相繼之外，中間沒有出現過一代有兩位皇帝的。如此嚴格的父子傳承局面維持那麼久，在中國的朝代裡幾乎絕無僅有。

但從憲宗以下就不是這麼回事了。憲宗死後，下一代的穆宗即位，穆宗之後卻是同代的敬宗、文宗、武宗先後當皇帝，接著即位的宣宗竟然既不是武宗的下一代，也不是武宗的同代，而是比武宗高一輩，在血緣上是屬於穆宗那一代。宣宗之後是和武宗同輩的懿宗，懿宗之後又是下一代的僖宗和昭宗先後即位，然後到最後一位皇帝哀帝。

這就是政治上明顯動亂不安的晚唐，從八二〇年到唐朝滅亡的九〇七年，八十多年間換了九位皇帝。

四個時期的劃分當然是人為的，不是絕對的。不過這樣劃分有助於我們看清楚唐朝的變化，四個階段有著各自不太一樣的個性。

03 貞觀之治為何是初唐的核心？

從政治上看，初唐的主要發展在於兩個面向。第一是延續著隋文帝的路線，確立從北朝（北魏、北齊、北周）承襲而來的國家體制。例如隋代有了新的《隋律》，唐代就在這基礎上另訂《唐律》，並且擴大建立了更全面、更完整的「律令制度」。例如隋代有了新的「隋禮」，新建的唐朝也需要有自己的「唐禮」，確定各種相關禮儀。

隋代修築運河、興建長安城，唐朝就接著予以完成及充實。另外更需要完成與充實的，是均田制。推行均田需要有準確的戶口調查及登記，如此才能應對隋代末年所發生的過度徵調民力以至於毀掉整個王朝的嚴重問題。隋在建立均田制的過程中，國家能夠運用的勞動人力快速增長，於是就掉入誘惑中，發動了許多大型公共工程，包括煬帝以極度揮霍的方式東征高句麗及四方巡行。如此一來，許多農業勞動力從土地上抽離開來，造成農業減產及小農殘破的情況，幾乎使得均田制無以為繼。

唐代得到教訓，當務之急是要恢復、重建均田制，那就必須整頓原本「租庸調」的實際操作。「租庸調」是接受授田的農家應該提供給朝廷的回報。這裡尤其關鍵的是「庸」。簡單地說，「庸」是「納絹代役」，沒有一定要男丁服役，沒有事的時候，就收布疋取代傜役。相較於隋代，初唐的政治方針之一，是對授田農戶的「租庸調」從輕徵收，也就是落實「與民休息」，讓農家生產能從隋末的破壞中恢復過來。方針之二，則是盡量不要以實際的勞動力來動員，而是鼓勵農民留在土地上戮力生產，多的生產所得再以「庸」、「調」的形式交給朝廷，讓朝廷自己雇用所需的勞工。

從這裡我們可以聯繫上唐太宗（西元六二六年—六四九年在位）和「貞觀之治」。因為留下了《貞觀政要》這部經典政治指南，因為有魏徵等賢臣的精彩故事，傳統上太宗的貞觀年間被視為唐朝、甚至中國歷史上的重要「盛世」。不過依照前面解釋的分期，太宗統治時期屬於初唐，而不是盛唐。沒有把太宗朝納入盛唐，好像很對不起他在傳統歷史上的英名與地位。不過我們如果深入認識不同時期的時代個性，也就能明白太宗及「貞觀之治」確實是初唐的核心。

貞觀之治的根本精神，就在於撫卹人民，讓人民安居休息，從隋代的過度動員中恢復過來。魏徵等賢臣最大的成就，也就在壓抑太宗的野心，不是引導他去做什麼，而是要他以人民的勞苦為念。要慢下來，要有耐心，這樣才能在唐朝初建時完成從「均田」到「府兵」的制度基礎，也才能累積後來盛唐多元成就的能量。

04 玄武門之變的代價與後遺症

相較於短短的隋朝，唐朝的動作慢得多了。隋文帝加上隋煬帝，將近四十年的時間，就完成了令人目不暇接的種種突破和建設。進入唐朝之後，突破與建設的速度明顯慢了下來。這一方面是重新確立北朝制度，給予堅實基礎所需要的耐心，隋代之所以滅亡，正是被操之太急引發的反挫副作用給衝垮的。如果沒有這樣慢下來的耐心與決心，不會有能夠安穩地從初唐延續、升級到盛唐的條件。

不過初唐相對的慢，還有另一個原因，那就是李家內部權力傳承的不穩定。更直接地說，因為發生了駭人聽聞的「玄武門之變」。若要數中國歷史上的「治世」，不能不提到「貞觀」，但「貞觀」的光明背後藏著黑暗，與周初的「成康之治」或漢初的「文景之治」有著本質上的差異，因為唐太宗李世民取得政權的方式並不正當。

玄武門之變很嚴重，因為冒犯了中國社會和中國文化最基本的人倫信念。在事變中，李世民殺了原來的太子、他的兄長李建成，以及他的弟弟齊王李元吉。不只如此，他還逼迫創建唐朝的父親李淵退位，將皇帝大權交給他。表面上看是李淵自願去當太上皇，但實際上，李淵退位是和玄武門之變密切聯繫在一起的。

如此心狠手辣取得大權，連父親都怕他而將皇位讓出來，李世民當然也要付出相當的代價。其中一個代價是，他的統治會一直面對合法性的挑戰。在這方面，李世民有一個聰明的安排，就是將魏徵推到最前面，讓大家不時看到魏徵做了什麼、聽到魏徵說了什麼。魏徵做的、說的都是反對李世民這位皇帝，而且經常以很不客氣——別說皇帝，就連一般人都不見得能忍耐——的方式表示反對。

但皇帝都忍了下來，多少次可以動用皇權懲罰魏徵的冒犯，更可以輕易將魏徵屏除在權力核心之外，李世民都沒有這樣做。其中一個潛在的理由正在於魏徵原本是太子李建成的心腹，李世民竟然不只能容魏徵，還能重用魏徵，顯現出他將公義置於私利私怨上的態度，也連帶表示了發動玄武門之變不是為了私怨，而是為了李氏王朝的前途與天下子民的福祉。

司馬光在《資治通鑑》中記錄、分析了玄武門之變的嚴重後遺症，不只影響唐太宗一朝，而且延續貫串了唐代的政治，那就是皇帝與太子之間的緊張關係。[4] 有了這樣的先例，李世民可以用非制度性的手段，將權力從父親手中奪過來，那麼等到李世民當上皇帝，要如何保證自己的兒子，尤其是已經取得太子身分的兒子不會有樣學樣，發動政變把自己踢上去當沒有實權的

4　《資治通鑑．唐紀七》云：「臣光曰：……夫創業垂統之君，子孫之所儀刑也，彼中、明、肅、代之傳繼，得非有所指擬以為口實乎！」

太上皇？

不只如此，李世民可以發動政變除掉自己的哥哥、原本的太子，這個先例又使得後來當太子的必定感到高度不安，要如何確信自己的諸弟不會也有樣學樣，發動政變以武力強取太子地位？

05 中國歷史上唯一女皇帝，及武則天的悲哀

皇帝擔心太子逼退，太子擔心弟弟們心有不甘在背後暗算，這樣的心理因素籠罩著初唐的王朝政治。李世民立了李承乾為太子，但同母的弟弟魏王李泰卻不甘心接受這項安排，持續培植自身的實力，不斷逼壓李承乾。兄弟相爭愈演愈烈，李承乾擔心父親受李泰影響而廢黜自己的太子身分，於是動用暗殺兄弟和密謀搶奪皇位的手段，結果都失敗了，反而導致自己被廢為庶人。因為兩兄弟爭得太厲害，皇帝只好轉而立長孫皇后的第三個兒子李治當太子，即後來的唐高宗（西元六四九年—六八三年在位）。

高宗先立了李忠，後來又立李賢為太子，但兩個都被廢了。唐中宗立過的太子李重俊被殺，唐玄宗立過的太子李瑛也被殺。從這幾個例子就看得出來，初唐在皇朝內部經歷了嚴重的繼承問

題，以至於無法像隋朝那樣一創立就進行許多建設。

初唐的歷史重心，一部分在接續隋代的前例，將源自北朝的重要制度擴張到南方並修訂得更完整；另一部分則在權力繼承過程中產生的種種紛擾。太宗一朝經歷了李承乾和李泰的激烈政爭，才由李治即位。然後高宗朝又出現武則天的動亂。

武曌原本是太宗宮廷內不受寵的才人，卻被兒子李治看上。依照慣例，太宗死後，這些曾經服侍過他的女人都要出家，武曌卻被新皇帝想了各種方法再度接入宮中，從重新留髮到後來升任昭儀，變成新皇帝後宮中的寵妃。因為寵幸武曌，高宗遂製造了初唐政治上更大的混亂。

雖然歷經兩朝太子之亂，但從高祖到太宗，皇后地位是明確的。李承乾和李泰相爭而兩敗俱傷，太宗仍然只從長孫皇后所生的兒子中選立太子，如此皇后地位更形穩固，立嫡的制度也維繫了。但到了高宗朝，王皇后被廢，接著還在廢皇后的同時改元。唐高祖李淵在位期間從頭到尾只有「武德」一個年號，唐太宗也從頭到尾只有「貞觀」年號。唐高宗卻改了好多次年號，而第一次從「永徽」改成「顯慶」，就是為了表現改立武后的重要性。

武則天不只是後宮的皇后，她實質介入政事，明目張膽地協助高宗聽政，後來甚至明目張膽地和高宗共治天下。她的權力高到不只可以決定太子的人選，等到高宗去世之後，她甚至掌握了立皇帝和廢皇帝的大權。高宗死後，先是李顯即位，就是中宗（西元六八四年在位），但不到兩個月武則天就廢了中宗，另立睿宗（西元六八四年—六九〇年在位）。睿宗也沒在位多久，到西元六九〇年，他受迫禪位於母后，武則天下令遷都洛陽，在「神都」稱帝。

武則天成為中國歷史上第一位、也是唯一一位女皇帝。她還創立了一個新的朝代，叫做「周」。從某個角度看，她所做的和王莽很接近，結束前一個朝代，創立新朝代，沒有多久之後，原來朝代的家族又將皇權奪了回去。不過換另一個角度看，傳統上對待王莽和對待武則天的方式大不相同，清楚反映了重男輕女的價值觀。

傳統上承認王莽的「新」朝，將漢朝分開為「西漢」、「東漢」，卻沒有給「武周」朝代地位，也從來沒有以「周」為界，劃分為「前唐」、「後唐」。武周正式存在的時間，是從西元六九〇年到七〇五年，和王莽的新朝時間相當。而且作為一個新的王朝，武周該有的都有了，在武則天身邊也集結了一群有名的重臣，前有狄仁傑，後有張柬之，他們的名氣甚至高過王莽政權中的任何大臣。

關鍵的差異畢竟在武則天的女性身分，使得她的王朝始終帶有高度的臨時性質，就連她最重用的大臣都不相信這個王朝可以在武則天身後持續下去！西元七〇五年，當時已經超過八十歲的武后，就是在張柬之等人的逼迫下，將皇位還給兒子中宗，完成了唐朝的逆襲回復。而張柬之發兵逼迫武后退位的計畫，又是狄仁傑死前就先規劃安排好，張柬之繼承執行的。

這是武則天的悲哀，她信任、重用的兩個男人都不曾真心地效忠她。但她除了信任不可靠的男人，也沒有什麼別的辦法來遂行統治權力。

06 兩任「回鍋皇帝」，皇族女性介入政爭

在一個父系的世界，女人要當皇帝真的不是那麼容易。例如，女皇帝要如何安排繼位者？簡單、正常的做法是立太子。女皇帝武則天如果要立太子，那就是選擇她的兒子來當太子，可是在她稱帝之前，兩個兒子都當過唐朝的皇帝，而且兩個兒子都姓李，如果將皇位傳給他們之中的任何一個，豈不就等於回復唐朝、取消了武周嗎？事實上，這也正是狄仁傑、張柬之諸人別有二心所想的。雖然承奉武則天為皇帝，當了武周一朝的宰相，但他們盤算的卻是等武則天死後，無論她哪個兒子繼位，就又「復唐」了。

如果不找兒子繼位，而選擇女兒呢？在父權結構下，這種狀況更糟，因為女兒的子嗣也不會姓武，子嗣姓什麼是由女兒將來嫁進什麼人家決定的，女兒繼承更沒有把握。如果一定要由武家人來繼承，剩下的選擇就是從兄弟的兒子中去找。但武則天身邊的人如狄仁傑就明確反對這個做法，母子之間還有倫常約束，都無法保證兒子一旦立為太子會如何對待母后了，更何況姪子和姑姑這種關係能提供什麼保障？

於是武則天終究還是將被廢為盧陵王的李顯立為太子，這個做法相當程度上削弱了「復唐」的勢力，因為與其現在冒險抵抗武周政權，發動政變推翻武則天，還不如多點耐心，等到武則天

去世了，皇位自然落回李姓手中。歷史的事實是，不用等到武則天去世，當她衰老多病，大臣們就表明了對李唐的效忠態度，逼迫武則天將皇位傳給中宗（西元七〇五年—七一〇年二度在位），完成了李唐世系的延續。

不過李唐延續了，宮內的權力安排問題並沒有解決。經過了武后一事，皇后的地位與權力就變得沒有那麼理所當然了。中宗即位，原本韋皇后所生的兒子應該是太子，但這個兒子得罪了最不能得罪的人——他的祖母武則天，因私下議論祖母的寵臣張易之、張昌宗兄弟，被武則天下令殺了。因此不論誰來當太子，都會因為和韋后沒有親生關係而產生緊張。

韋后和新太子李重俊之間的緊張情勢不斷升高，最後演變到太子領兵發動政變，雖然政變在最後關頭被中宗勸阻了，但韋后的危機感升到最高點，連帶對中宗的不信任也升到最高點。韋后選擇和女兒安樂公主聯合，下手毒殺了中宗皇帝。先是密不發喪，安排殤帝李重茂即位。諡號為「殤」，表示這位皇帝很短命，殤帝死時才二十歲，而且在位的時間很短，西元七一〇年六月初七即位，到六月二十四日就退位了。因為睿宗的兒子李隆基連同太平公主發兵打入宮中，殺了韋后和安樂公主，擁立睿宗重登皇帝大位。

初唐的特色就在世系混亂，中宗先當了皇帝，又退下來當太子，而且中宗和睿宗都當過兩次皇帝，是非常少見的「回鍋皇帝」。

到睿宗第二次當皇帝（西元七一〇年—七一二年二度在位），情況還是沒有真正穩定下來。打倒韋后之後，原本聯手發難的太平公主和李隆基姑姪之間，又發生日益嚴重的衝突。於是太平公主想方設法要哥哥睿宗廢嫡，取消李隆基的太子身分。這很明顯是從唐太宗延續下來的問題，皇族中的女性成員強力介入政爭，而關鍵的太子角色缺乏制度性的保障。太平公主和李隆基的政爭，一直要到七一三年李隆基登基為唐玄宗（西元七一二年—七五六年在位）後不久，將太平公主賜死才得到解決，也才平息了從「玄武門之變」以來，李家王朝內部的持續內鬥紛亂。

持續宗族內鬥帶來的直接影響，是使得初唐在體制與建設的進展上遠遠不如隋代。一邊是確立北朝制度，一邊是傳承自北朝的倫常脫序情況，這兩線同時並進，而且明顯地後者嚴重干擾、延緩了前者的進度，這是初唐的特殊歷史性質。

07 初唐到盛唐的一個關鍵：處理門閥

藉由《貞觀政要》的記載，魏徵成為中國歷史上有數的重要政治家。和魏徵同時期、同樣在唐太宗身邊以直諫聞名的，還有張玄素。唐太宗下詔要修洛陽宮乾陽殿，張玄素就上書表示反對，不客氣地說：「如果一定要蓋洛陽宮，那你連隋煬帝都不如啊！」

這是很重且犯忌諱的話。在那個時代，隋煬帝不只是個糟糕的皇帝，還是亡國之君的代表。

被比成亡國之君，唐太宗當然生氣，就問張玄素：「連隋煬帝都不如，那難道是像夏桀、商紂嗎？」即使皇帝如此表達不悅了，張玄素還是不讓步，仍然堅持如果修洛陽宮，唐朝「同歸於亂」（《新唐書．張玄素傳》）。

因為張玄素的勇敢頂撞，最終讓李世民取消了修洛陽宮的計畫。這是為臣的有勇、為君的有氣度的好故事。不過在歷史記錄裡，這只是故事的前半，後面還有發展。李世民在修洛陽宮一事上讓步了，但並不表示他心中毫無芥蒂。有一天早朝，皇帝就在群臣面前突襲修理了張玄素。唐太宗修理他的方式，是挑出張玄素，在大家面前問他的門第出身。唐太宗怎麼可能不知道張玄素是沒有門第的「寒門」！

被皇帝這樣問，張玄素的反應是什麼？史書上說他「深自羞汗」，羞慚到大流汗，說不出話來。直諫時那麼勇敢的張玄素，怎麼在這時的反應那麼不一樣？因為當時在朝廷上，門閥門第還是很重要，還是評斷人的基本標準。想到必須對所有的朝臣承認自己不是門第出身，對張玄素來說，簡直就像公開脫光衣服那麼難堪吧！唐太宗就是要張玄素公開向大家表明自己沒有門第，以此來羞辱張玄素，作為報復。

初唐時門第依然重要，但之所以能從初唐發展到盛唐，出現盛唐的繁榮盛世，關鍵之一就在於如何處理門閥門第，打破這項嚴重限制國家人才選拔、運用的框架。

唐太宗曾經下令編修《氏族志》，也就是編訂這個時代的世族排名。負責編修《氏族志》的，分別是代表山東大姓的高士廉、代表關隴集團的韋挺、代表河西大族的令狐德棻，以及代表南方僑姓的岑文本。編修出來的結果，列在第一的是山東的博陵崔氏。

唐太宗明白表示無法接受，下令要求重編，原則是要「止取今日官爵高下作等級」（《舊唐書．高士廉傳》）。「今日官爵」最高的不是皇帝嗎？為什麼皇帝所屬的隴西李氏竟然排在博陵崔氏之後？經過複雜的折衝，重編後的《氏族志》將皇室宗族列在最前面，後面接著是外戚，然後才是博陵崔氏。

這件事情真正的意義，不是皇權壓過了門第，取消了門第的重要性，而是在與門第的角力上，有皇帝當靠山的關隴集團，擠下了過去一向地位最高的山東豪族。皇家面對傳統世家大族時，還是有所忌憚。到唐文宗時，都還發生了皇帝想要為皇太子迎娶滎陽鄭家的女兒，結果鄭家得知風聲，卻趕緊將女兒嫁給博陵崔家的事。

08 散官、職事官並行，打破門第人才獨占

唐太宗重修《氏族志》，只能利用「今朝品秩」將關隴大姓放到河東大姓前面去，還不足以動搖整個門閥門第的政治與社會地位。要能夠動搖門第，得靠後來終於擺脫「九品中正制」所建

立的新官制。到唐玄宗時，唐朝的官制不再沿用「上上、上中、上下……」的等級，而是改成從「一品」排到「九品」。而且新的官制裡分成四種「官」：職事官、散官、勳官、爵，四種官都各有品級。在現實運作中，一個當官的人，在一個位置上往往不只一個官品，而是依照不同官種有不同官品。

在四種官裡，「散官」又叫「正官」，這兩個名稱感覺上差別很大啊！「正官」意味著那是主要身分，例如「正議大夫」這個官名表示具備「正四品上」的文官身分，但這不是這個人在朝廷體制中的職務，「尚書」或「侍郎」才是，那是「職事官」。所以「正官」又叫「散官」，因為只有身分而沒有職務，必須加上「職事官」才能確定這個人在朝廷中是做什麼的。

「勳官」指的是來自軍功的加贈。有幾個官職是特別屬於「勳官」的，例如最高等級是「上柱國」，正二品。這是個熟悉的歷史名詞，不是唐朝創設的，而是繼承自北魏鮮卑武裝體制。所以一個具備軍事出身的人，在唐朝會有三個不同的官品，他的散官也許是「游擊將軍」，職事官也許是「上府果毅都尉」，另外他也許還有一個從軍功而來的「驍騎尉」作為勳官。

「爵」則是從秦漢遺留下來的「贈爵」，屬於朝廷的封賞，盛唐之後雖然保留了制度上的名稱，不過重要性就不如前面三種了。

如此複雜的官制是刻意設計的，為了應付原有的門第狀況。一個出身門第的人，朝廷就給你比較高的「散官」官品，維持門第高人一等的地位。門閥貴族很容易藉由「蔭官」讓家中子弟得到官品，形式上取得進入朝廷的資格。不過大家很快就知道那樣的地位是「散」的、空的、表面形式的，不見得擁有實質上的職務權力。寒門子弟因其出身被世族看不起，他們得不到高的「散官」官品，然而朝廷卻可以藉由派任重要的「職事官」讓他們發揮才能。

也就是說，故意維持平行並存的幾種官制，官制與官制之間不整合為固定的關係，唐朝得以創造出模糊的地位感，不再分得清到底誰的地位較高，如此打破了原先只有門閥貴族才能當高官的限制。

舊有的門第，例如參與創建唐朝的關隴集團大姓，他們的子弟可以輕易取得四品的「散官」，但有了這樣的官品，並不表示真的有官職可以做官。具備「散官」身分的人，數量上遠超過「職事官」提供的位子，於是就產生了新的競爭。世家子弟相對地因為「散官」身分資格來得容易，在競爭「職事官」時反而就不利了。由實際競爭中逐漸形成了愈來愈清楚的局面，和舊門第關聯的「品子」、「門蔭」之類的人難以被列入考慮，反而是「貢舉」——通過科舉考試取得資格的人——的重要性不斷升高。

藉由這套複雜而巧妙的辦法，門第在朝廷人才上的獨占權被打破了，多元多樣的人才得以進入、得以發揮，這是盛唐偉業的關鍵條件。

09 府兵、均田變質，盛唐沒落的「盛世詛咒」

不過若是從初唐到盛唐看下來，又會發現這個朝代賴以成立的兩項原則，也在盛唐時期遭到破壞，埋下了中唐動亂衰微的遠因。

第一項是看重文治的原則，逆轉了原本北朝對於武力的強調。不再維持那麼龐大的武力，也就不會輕易發動戰爭，軍事活動的頻率大幅下降。然而，這種態度久了之後，就造成軍事制度的弛廢敗壞。

第二項是「重內輕外」的原則。在這點上，唐朝和之前的隋朝在態度上恰好相反。最容易看清楚的，就是看「府兵」的分布。高祖武德年間，全唐境內一共設立了三百五十三個軍府，其中有九十二個在關中地區。到了太宗時期，西元六三六年，將所有軍府改稱「折衝府」，全國總數增加為六百三十四個，而關中地區增加到兩百六十一個，占比從百分之二十六，大幅升高為百分之四十一。府兵制的重點偏向關隴地區。

這樣的現象，根本道理在於「兵農合一」，有農就有兵，有農才有兵，所以人口愈密集的地方，就有愈多的折衝府，集中了愈多兵力。但久而久之，也就出現了大問題。折衝府都設在人口密集之處，但這些地方之所以人口密集，就是因為安全且安定，不會有動亂啊！會產生危險、需要採取軍事行動的，多半在邊鎮，但一來那裡沒有那麼多折衝府，二來有問題時也很難動員富庶地區的折衝府兵力遠赴邊鎮。

這是破壞府兵制的根本因素之一。設折衝府的地方無用武之需，倒過來有用兵需要的地方卻沒有府、沒有兵。那怎麼辦？非用兵不可來防衛、平亂時，就只好打破兵農合一的理想，轉而募兵。有鑑於隋煬帝將百姓動員到邊境打仗帶來的嚴重政治後果，唐朝在沒有府兵可用之地，就傾向於花錢雇人。剛開始承襲「租庸調」中「庸」的精神，不能或不適合服勞役時就出資源雇人代役，逐漸地，到玄宗天寶年間就形成了外於府兵制的募兵制。「府兵」和「均田」互相連結，原本是唐朝繁榮的制度基礎，如此就愈來愈無法維繫了。

均田制也面臨難以逃躲的破壞力量，那就是承平時期人口的快速成長。從唐朝以降，我們會一再看到中國農業結構上造成的兩難。人少了不行，缺乏足夠的生產勞動力；人多了也不行，會造成缺乏足夠可耕土地的問題。盛唐的沒落，正因為盛唐之「盛」，社會安定繁榮，人口快速增長，導致均田制無法維持。均田要能運作，必須有田可授，也就是土地比人多。正常狀態下，土地增加的速度趕不上人口成長，只有在戰亂或荒年，人民大量離開土地，才會有無主土地空出來。唐朝藉以解決戰亂時生產不足問題的均田制，一到繁榮年代就出問題了。

田太少，有資格接受授田的人太多，就形成了兩個麻煩且嚴重的現象。一個是控制授田的人可以上下其手，決定給誰或不給誰，使得均田制原本的公平精神破壞殆盡。連帶的另一個現象，是提升了官吏的權力與地位。不論是什麼來源得到的稀少五塊田，卻可能有五十個人等著授田，於是地方官的決定權很大，其主觀任意空間也就隨之擴大。這個現象直接或間接造成了中唐以後地方官的腐化。

從「貞觀之治」變化為中唐的官箴敗壞，不完全是朝廷在挑選地方官時不再那麼用心、謹慎，還有源自均田制變質而來的結構性因素。

這種所謂「盛世的詛咒」在唐朝出現，在後來的清朝也出現過。清朝興衰的關鍵轉折，發生在「十全老人」乾隆皇帝到嘉慶皇帝之間。不見得是嘉慶格外無能，以至於無法延續「康雍乾」三朝盛世，毋寧是這三朝的安定與繁榮，再加上新的稻米品種引進中國，使得人口在一百多年間大幅增長，其幅度超過了任何人所能預見的，更超過了官僚體系所能準備和處理的。人口問題在歷史上極為重要，也往往成為王朝由盛轉衰的必然因素。

10 安史之亂後的中唐：法制破壞、權力外放

從盛唐到中唐，律令法制也敗壞了。敗壞的根本原因在於，這套系統在設計上的權力頂點是宰相而不是皇帝。宰相是依循律令法制行使權力的最高領袖，皇帝則高於這套系統，不受律令法

制約束，理論上也就不該介入律令法制運作。

玄宗朝之前，不管皇室如何動亂爭鬥，包括出現了女皇帝實質滅亡唐朝，都還是有具備實權的宰相，如狄仁傑、張柬之，得以穩定政治系統。即使是武則天，也基本上尊重相權。但到了玄宗時，尤其是玄宗任用李林甫之後，皇帝權力侵蝕了相權，連帶地造成該由宰相掌管、維護的律令法制不再能有獨立地位，這部分隨之敗壞。

唐朝賴以成立，又花了許多時間發展的這些根本條件遭破壞、式微了，在時代分期上也就告別了盛唐，以「安史之亂」為明顯的分界點，進入中唐。

安史之亂爆發的直接原因是胡人安祿山掌握了唐朝的龐大軍力，不受朝廷節制。原有的府兵無法解決問題，在需要用兵的地方沒有府兵可用，於是只好授權讓地方分區募兵以建立軍事力量，將軍事行動委託給地方上的「節度使」。「節度」指的就是授權，讓原本奉命擔任節度使的人可以在地方上「節度」——統合支配資源。朝廷不只交予其軍事作戰權力，還一併交付後勤資源動員運用的權力，必須靠這種方式，才能收拾到處流竄的安祿山與史思明的勢力。

這是很大的權力，等到安史之亂平定了，朝廷給出去的權力卻沒那麼容易收回來。節度使本來是要在非常時期「補府兵之不足」，將原本的府兵都納入「節度」管轄範圍內，等到非常時期一過，卻再也沒辦法恢復府兵了。甚至從這些節度使的自我權力與利益上考慮，他們根本不希望結束非常時期，回到原來的正常制度。

尤其安史之亂是內亂，而非外患，影響到的不是邊境，以至於要負責防堵的節度使不會只設在外圍邊界上，而是分布在國境範圍內。到後來，這些原本為了軍事行動而設立的節度使，就蛻化為實質分裂唐朝國土的「藩鎮」了。

德宗朝在楊炎的領導下進行了一波改革，稍微緩和了國政惡化。改革的核心是「兩稅法」，給了朝廷較為充裕、可靠的稅收，但這同時也是「租庸調」制的正式終結。

在憲宗元和年間，朝廷行政財稅上出現了一個特殊的類別，叫做「不申戶口」，[5]也就是有些戶口不必報到中央來，報到節度使那裡就好了，屬於「節度」權力的一部分。換句話說，就是允許這些地方勢力攔截資源，不需向中央上繳。地方資源愈多，相對地中央就愈貧弱，也就更沒有實力能夠約束、收拾地方勢力了。

11 弒帝立帝，宦官亂政的晚唐與黨爭

中唐最特殊之處，在於地方割據形成。不過應該追問的是，安史之亂後國境內出現了那麼多藩鎮，為什麼唐朝還能維持表面的統一，還繼續存在，沒有立刻落入後來的五代十國那樣分裂混亂的局面？

其中一個理由是這些節度使往往不是當地人，在地方上養兵培植了勢力，卻沒辦法信任自己的部將與軍士。他們還是接受中央的羈縻，以便必要時靠中央的力量來威嚇、壓制底下的人。

還有一個更重要的理由，是代宗時重整了漕運系統。漕運的作用是將南方的資源運送到北方。到這時候，北方的藩鎮已確立，很多稅收都被地方留置，中央收不到，於是江南的經濟生產成為唐朝命脈。幸好有隋代建立起的水運系統，讓南方經濟成果可以不斷送往關中，撐持住中央朝廷，也使得北方藩鎮在經濟資源上弱於中央，阻止他們進一步挑戰中央的權威。

中唐歷史的另一項特色，是延續了幾百年的世族政治終於結束。世族秩序不存，引發的相對現象就是「黨爭」。原先朝廷的政治勢力有一套硬性、甚至僵化的秩序，一切依照世族排名定先後，形成實質的上下關係；中唐以後，這樣的秩序消失了，先後、上下可以重新安排，也需要重新安排。

黨爭就是在爭重新安排的先後、上下關係。使得事情更複雜的，是其中又殘留了「寒門」和「豪族」的分野，但現在這兩股勢力不再是「豪族」在前、在上，「寒門」必然在後、在下，而是這兩種出身的人各自集結，以集體組織進行政治鬥爭。而當雙方相持不下時，宦官就具備了介

5 《太平御覽．皇王部三十九》載：「史官李吉甫撰《元和國計簿》，總計天下方鎮凡四十八，管州府二百九十五，縣一千四百五十三，戶二百四十四萬二百五十四，其鳳翔、鄜坊、邠寧、振武、涇原、銀夏、靈鹽、河東、易定、魏博、鎮冀、范陽、滄景、淮西、淄青十五道，凡七十一州，不申戶口。」

入並影響此消彼長的資格。

盛唐之前基本上沒有宦官問題，宦官是從玄宗朝的高力士才變得愈來愈重要。中唐之後，宦官勢力不斷增長，再加上黨爭的作用，外朝相爭時，必定會尋找、拉攏內朝宦官以為奧援。這是我們在漢朝歷史上見過的模式，不過在唐朝，宦官與外朝黨爭之間的連結更嚴密、也更細緻。

漢朝時還有「清流」的價值觀，將太學生、士人和宦官區隔開來，前者自認身分高於後者。唐朝沒有這樣的區隔，外朝有兩個相爭的黨，內朝宦官有兩個相爭的派，反覆進行著變化連結。一下這個黨和這個派連結，對抗那個黨加那個派，一下又轉變為這個黨和那個派連結，去鬥那個黨加這個派。

看「牛李黨爭」[6]，不能單獨看朝廷上發生什麼事，必須一併納入宦官因素。從中唐轉入晚唐，關鍵在憲宗朝，那是宦官開始介入政事、取得政治上巨大決定力量的時代。

宦官的力量大到什麼程度呢？憲宗死於宦官之手，開了晚唐的先例，後來敬宗也是被宦官殺的。兩位皇帝死在宦官之手，這還相對是小事。再看，憲宗之後是穆宗，因為憲宗被宦官除掉了，所以穆宗是宦官立的。宦官殺了敬宗之後，也自行擁立了文宗。然後武宗是宦官立的，宣宗是宦官立的，懿宗是宦官立的，僖宗是宦官立的，昭宗是宦官立的。昭宗之後，就只有在位兩年、目睹王朝結束的哀帝了。

晚唐在政治上是由宦官主宰的，連皇位都操縱在宦官手中。晚唐的結束，也就是整個唐朝的結束，則是黨爭不斷的外朝，後來引進藩鎮的力量去對付宦官。這個時候皇帝都是宦官立的，宦官被清除了，同時也就沒有李姓的王朝宗室力量，於是一轉而成為藩鎮的天下。從中唐到晚唐，藩鎮擁有足夠時間進行在地化，他們是真正有實力的地方霸主，也就不需要中央朝廷了。

晚唐之所以有那麼多皇帝，是因為宦官不能自己當皇帝，不得不繼續推李家的人來當皇帝。皇帝實質上已經消失了，只剩下幫宦官權力撐門面的作用。宦官被收拾掉，當然也就沒有條件留住李姓的皇帝，終結宦官的同時也就終結了李唐王朝。

6 牛李黨爭，又稱「朋黨之爭」，指的是以李德裕為首的世族官僚，和以牛僧孺、李宗閔為首的進士出身官僚，各自結黨，相互傾軋，歷經憲、穆、敬、文、武、宣宗數朝，互有起落得勢，達四十年之久。唐文宗曾感嘆：「去河北賊易，去此朋黨難！」

第四講

唐人的客觀與主觀世界

01 元稹和白居易筆下的「胡旋舞」

曾經擔任臺北市立國樂團團長的作曲家鍾耀光，為瑞典的長笛演奏家貝札莉（Sharon Bezaly）寫過一首和國樂合奏的長笛協奏曲，曲名是《胡旋舞》，典故來自唐朝。胡旋舞是當時很有名、很受歡迎的舞蹈。

唐代詩人元稹和白居易都寫過標題為「胡旋女」的詩。元稹的詩說：

胡旋之義世莫知，胡旋之容我能傳。
蓬斷霜根羊角疾，竿戴朱盤火輪炫。
驪珠迸珥逐飛星，虹暈輕巾掣流電。
潛鯨暗吸笡波海，回風亂舞當空霰。
萬過其誰辨終始，四座安能分背面。……

「胡旋」兩個字是什麼來歷、什麼意思沒有人知道，但詩人很自豪有能力用文字來形容「胡旋」的舞姿。接著用了一連串的自然景象比擬其動作，如飛星、如流電，一直動得很快，而且是快速地旋轉。快到怎樣的程度呢？觀眾不只分不清一圈從哪裡開始、在哪裡結束，乃至於連舞者究竟是面對我們還是背對我們都無法分辨了。

白居易的〈胡旋女〉則說：

> 胡旋女，胡旋女。心應弦，手應鼓。
> 弦鼓一聲雙袖舉，回雪飄颻轉蓬舞。
> 左旋右轉不知疲，千匝萬周無已時。……
> 天寶季年時欲變，臣妾人人學圜轉。
> 中有太真外祿山，二人最道能胡旋。……

這首詩就不只在形容舞姿，還多加了帶有諷刺口氣的社會評論。胡旋女跳舞時呼應著旋律和節拍，兩手舉起來像空中飛蓬般轉動，一直轉、一直轉，不會累、不會停。然後語氣陡然一變，從敘述變成感嘆評論，說就是在玄宗天寶年間，時代轉折的關鍵處，社會上流行學轉圈圈跳舞。這舞怎麼會流行的？因為當時的兩位大紅人都喜歡且擅長跳這種舞，所以產生了感染效果。這兩個人，一個是皇帝寵愛的楊貴妃，另一個是皇帝寵信並給予大權的安祿山。

白居易這首詩很有趣。首先是挑戰了我們對楊貴妃和安祿山的外表印象。「侍兒扶起嬌無力」（白居易〈長恨歌〉）的那個楊貴妃不是以豐腴見稱嗎？而安祿山留下的有名故事，不是說他胖到搔不到自己的肚臍嗎？這兩個胖子竟然愛跳這種激烈地一直轉的舞蹈，而且很會跳！

這樣的意外驚訝之感，其實反映出我們這個時代對胖子的固有偏見，認為他們既然胖就必定不靈活。但在唐代和安祿山有關的史料中，顯現他為人稱道也頗為自豪的，正是既胖且靈活。甚至可以說，胖且靈活是唐朝人在身體觀上追求的理想。安祿山那麼胖，但他在唐朝不會受歧視、不會被嘲笑，因為那個時代、那個社會對於什麼是漂亮的外表和美麗的身體，有著和我們不一樣的判斷。

02 唐朝的藝、妓文化

胡旋舞其實沒有像元稹詩中寫的那樣「世莫知」，至少我們可以從名稱上知道這是從西域傳進來的。和胡旋舞相近的還有一種「胡騰舞」，那是由不斷往上離地跳的動作所構成的舞蹈。不論是「胡旋」或「胡騰」，都是動作激烈、跳下來運動量極大的舞蹈，也都不會是為了表現身體優雅柔軟而設計的舞蹈。

在唐朝的文獻《樂府雜錄》中，胡旋舞和胡騰舞都歸類為「健舞」。《樂府雜錄・舞工》裡明顯來自西域、和胡人有關的舞蹈，基本上劃歸在兩類中。一類是動作比較激烈的「健舞」，有棱大、阿連、柘枝、劍器、胡旋、胡騰等；另一類動作輕柔一點的歸在「軟舞」中，有涼州、綠腰、蘇合香、屈柘、團圓旋、甘州等。雖然舞步我們很難還原了，不過光是從名稱就可以察覺這些不是中原地區傳統的舞蹈。

依照留下來的描述，柘枝舞和屈柘舞有關，前者是由女性舞者來跳，後者則用女童。跳屈柘舞時，兩個小女孩戴上帽子，帽子上掛鈴鐺，先藏在做成蓮花形狀的布景裡，然後蓮花一瓣一瓣打開，兩個小女孩邊跳邊跑出來，頭上的鈴鐺隨之發出清脆好聽的響聲。

白居易也寫過一首〈柘枝妓〉的詩：

> 平鋪一合錦筵開，連擊三聲畫鼓催。紅蠟燭移桃葉起，紫羅衫動柘枝來。
> 帶垂鈿胯花腰重，帽轉金鈴雪面迴。看即曲終留不住，雲飄雨送向陽臺。

最後兩句形容舞蹈的結尾，鈴鐺聲音逐漸遠去，留下裊裊餘韻。

白居易寫了許多和舞蹈有關的詩，他對那個時代的舞蹈很熟悉。他家裡養了兩名家妓，一個叫樊素，擅長唱歌；另一個叫小蠻，就是擅長跳舞的。家妓是什麼？是家中有朋友來時，負責表演娛樂賓客的。唐朝社會中，家妓相當普遍，那個時代「妓」這個字也並沒有近世以後的那種陰暗、不道德的意涵。她們的身分與性質比較接近日本的藝妓，應該說，日本有藝妓，就是源自大唐，受到唐朝影響而來的。唐朝的「妓」基本上都是藝妓，有才藝可以表演的，比較富裕的人家如白居易，就將這樣有才藝的女人長期僱養在家裡，所以是「家妓」。

除了家妓之外，宮中有「宮妓」。宮妓和宮女或妃嬪是不一樣的，主要任務是在需要的場合唱歌跳舞的。另外還有「官妓」，那是公家出錢養了為官員提供娛樂的。至於當時長安最熱鬧的「平康里」（或稱為「北里」），則是「私妓」集中的地區，性質相當於京都的祇園，而其範圍不只比現在的祇園大，甚至比全盛時期的祇園都更大、更繁盛。

平康里的繁盛和唐代科舉考試有密切關係，其主要服務對象就是從各地來到京城參加科考的富家子弟。平康里最熱鬧的時候是科舉放榜後，榜上有名的人幾乎都要到平康里接受「妓」的娛樂招待，在那裡和朋友們慶賀狂歡。這樣的氣氛，和北宋以降的文人文化很不一樣。

很多人讀過甚至會背誦的一首詩，是杜牧的〈遣懷〉：

> 落魄江湖載酒行，楚腰纖細掌中輕。
> 十年一覺揚州夢，贏得青樓薄倖名。

詩中所詠的「青樓」就是「妓」所在的地方。這種「妓」的文化發達之處，除了在長安依附於科舉之外，另外就是杜牧所描述的揚州，主要是因應航海與對外商業活動而產生的。所以金庸寫《鹿鼎記》時，出身妓院的韋小寶就一定得是揚州人，開口閉口「辣塊媽媽」，因為揚州和妓院有很長遠的淵源關係。此外，在內陸還有成都，也有很發達的青樓文化。唐代成都最有名的是出了薛濤，她由西川節度使韋皋正式給予「女校書」的封號，可以不稱「妓」，比較體面、比較文雅。

還有一些人和妓女的身分、行業相關的。一種人是「胡姬」，指的是在酒館裡賣酒兼賣身的。開始時都是外來的胡人從事這種職業，後來不管是胡人還是漢人，就都統稱「胡姬」了。本來是只有外來的人才做這種不太名譽的事，後來反正就把做這種事的人都當外來的人。

再一種人是「女道士」。在唐朝那樣相對開放的社會環境中，「女道士」和「妓」有類似之處。「妓」以唱歌跳舞吸引人，主要吸引的是男人，吸引的焦點是身體，所以很容易就衍生出身體上的接觸乃至以身體為交易。「女道士」則以呼吸養身的工夫吸引人，主要吸引的也是男人，吸引的焦點也是身體，所以也就自然容易產生同樣的衍生活動。

這正是近世之後，社會習俗上對女道士和尼姑有了淫蕩、不潔的印象與聯想的歷史淵源。戲劇中很有名的《思凡》，主角就是尼姑；湯顯祖的《牡丹亭》中用《千字文》的四字成語大開黃腔的，是個女道士；一直到魯迅寫《阿Q正傳》，阿Q的劣行之一也包括去摸尼姑的光頭，跟尼姑說：「禿兒！快回去，和尚等著你……」

03 好動的身體，大臉愛胖的審美觀

從這些歷史現象我們可以明白，首先，唐朝的人對於身體的意識，和近世以後的情況很不一樣。從北宋以降，中國社會的身體意識愈來愈保守、愈來愈拘謹，將身體和慾望，尤其是性慾連結在一起，因而強烈反對展現身體，要將身體掩藏起來。

唐人的身體是好動的，那個時代主要的交通工具是馬，而且不只男人騎馬，女人也騎馬。像是歷史記錄上顯現的，虢國夫人常常騎馬的，不會因為貴為國夫人就必須坐車。唐畫上的證據也一樣，畫中的人要嘛走路，要嘛騎馬。

騎馬普遍到一定的程度，平均騎術也要到達一定的程度，才會有唐朝流行的「婆羅毬」運動。「婆羅毬」就是polo（又稱「馬毬」、「擊鞠」），一種騎在馬上用長棍子打球的運動。這種運動充分顯示了馬術的進展。唐朝皇帝對馬毬可說十分熱愛，幾乎都有留下打馬毬的記錄。

這又和近世宋代以後形成強烈對比。宋代、明代皇帝的身體多麼嬌貴啊，受到宮中種種禮法制度的保護約束，不能有什麼意外損傷。騎著馬、揮動長棍的婆羅毬是很激烈的運動，當然也很容易受傷，但在唐朝，就連皇帝也愛玩。

唐朝還流行一種叫「夏育扛鼎」的活動，既是運動也是表演。名稱用了春秋時期大力士的

典故，實際上就是舉重比賽。另外一種兼具運動和表演性質的是「繩技」，有各種運用繩子的方式，介於雜耍和空中飛人特技之間。

總體來說，這個時代的身體觀是「主動」的，可以動，也應該動。到了近世之後，中國人的身體觀轉而為「主靜」的，這是很大的變化。

唐朝的身體意識還反映在男性與女性的差異上。之前的六朝文化中，比較重視身體外貌、比較愛美的是男人，是世家貴族中的男人，他們吃「五石散」讓自己的皮膚顯現得白裡透紅、吹彈欲破，還要不時拿著麈尾，擺動麈尾來增加自己行動上的優雅美觀，那是貴族價值虛榮中的重要一環。

到了唐代，情況改變了，仍然重視身體外表的炫示，但主要的炫耀者從男性轉成女性。從唐人的衣裝上看得很清楚，女性經常是袒胸的，大量暴露頸項到乳房間的肌膚，當然也暴露了上乳的隆起形狀。

那個時代的女性還大量使用化妝品，流行濃妝。從衣服到化妝，身體的表現都是誇張、戲劇性的，講究吸睛，讓人一下就將眼光投射過去。化妝品中最常用到的是粉，有白粉，也有紅粉，而往往紅粉用得比白粉多，唐代女性會將臉上甚至身上塗得紅紅的。另外還有紅色的胭脂，就是口紅，不過唐人是「點胭脂」而不是擦口紅，為了強調嘴巴很小，只有中間一小段「點」得特別紅，其他部分的嘴唇都刻意隱藏起來。這是那個時代的審美觀。

唐人的審美觀中還追求大臉。文字上常看到唐人講「豐腴」，那不必然是要身體胖，更重要的是臉給人一種開闊的感覺。身體上的豐腴講究的是「不露骨」，他們不喜歡看到骨頭，要有足夠的肉將骨頭包覆起來，身體不要給人有稜角的感覺。然後在這樣的身體上有一張大臉，為了襯托，讓臉看起來比較大，所以刻意將嘴點得很小。這是唐人心目中美人應有的樣子。

04 妝髮的誇示表現，相對平等的兩性關係

唐代審美上也很重視眉毛，畫眉毛用的化妝品特別稱為「黛」，和「粉」同等重要，所以白居易〈長恨歌〉中形容楊貴妃凌駕眾人之美時說的是「六宮粉黛無顏色」。唐玄宗曾經下令要畫工繪製一幅「十眉圖」，示範當時十種流行眉型的畫法。理解這些眉型的名稱，會有助於減少我們閱讀唐人詩文時可能產生的誤會。

例如，有一種眉型叫「鴛鴦」，所以描述閨怨的詩詞中如果有「鴛鴦」，不要以為是在講鳥，或藉由鳥來描述成雙成對的現象，很有可能，成雙成對的只是詩詞中女性的一對眉毛。

另外，溫庭筠的詞〈菩薩蠻〉中描述：

小山重疊金明滅，鬢雲欲度香腮雪。懶起畫蛾眉，弄妝梳洗遲。照花前後鏡，花面交相映。新貼繡羅襦，雙雙金鷓鴣。

開頭兩個字「小山」也是一種眉型，而不是庭院裡或景觀裡的「山」。他在詞中要我們看到的是那種比較秀氣的山形眉毛，而當時流行的，除了小山眉之外，還有「五岳眉」、「三峰眉」，這應該是比較大弧彎折的眉型吧！此外有「垂珠眉」，還有「月棱眉」、「倒暈眉」，這兩種形狀應該和月亮、月暈有關。還有「分梢眉」、「涵煙眉」、「拂雲眉」等等。

那真是遠比現代化妝術更豐富、更細緻的「眉毛文化」啊！

女性外表可以誇示表現的，還有髮型。唐代女性的基本髮型是「高髻」，就是將頭髮堆高，比頭頂高，而且要高出大約三分之二個臉那麼多。當然不是每個人都有那麼多頭髮可以堆到那麼高，於是頭髮稀疏一點的人，就必須戴上「假髻」。為女人做假髮、假髻，是當時長安很興盛的一門行業。

高髻的流行髮式就牽連到插在頭髮上的釵。唐代詩文描述女性時，釵很重要，那是從高髻上突出來很醒目的裝飾。很多釵上面還有垂珠，稱為「步搖」，傳神地表現出女性走路時頭上垂珠隨著步履韻律搖曳的動態。

那個時代女性的身體很突出，而且刻意製造突出的視覺效果，甚至不會禁抑和性慾有關的展示，袒露胸部吸引男性注意。這樣的現象同時也說明了女性的社會地位比較高，女性和男性的社會關係比較平等，當然這是和後來近世社會的相對比較。

比較平等的兩性關係也反映在婚姻制度上。中國傳統很早就形成婚姻中的「七出制」，那是男人可以終止婚姻、將妻子趕出去的七種理由：「不順父母」、「無子」、「淫」、「妒」、「有惡疾」、「多言」和「竊盜」。然而《唐律》在原有的「七出」之外，多加了「三不去」，也就是在三種特殊情況下，男人不能援用「七出」理由將妻子趕走。

「三不去」第一條是「經持舅姑之喪不去」。如果妻子在家中侍候公婆直到公婆都過世，經歷了公婆喪禮，意味著公婆生前都沒有嫌棄她，她已經盡到服侍公婆的責任，不能在她老了之後把她趕出去。

「三不去」第二條是「娶時賤後貴不去」。意思是娶進來時夫家貧窮，妻子跟著過了苦日子，做過「貧賤夫妻」，那麼夫家不能在日後發達富貴了，就將妻子趕出去。這也意味著夫家能這樣由賤而貴，妻子有一定的功勞，應該公平地得到保障。傳統戲劇中像是包龍圖鍘陳世美的故事，背後的律令與人倫道理判斷，就是「三不去」中這一條的引申——禁止男人為了追求富貴而拋棄糟糠妻。

「三不去」第三條是「有所受無所歸不出」。男人從人家的娘家那裡接受了女兒成為妻子，如果這時候娘家父母不在了，女人沒有娘家可回，那也不能將她趕出去。離開了夫家她無處可去，不能讓她流落街頭，必須有基本的人情關懷。

05 婚姻從兩家的事變成兩個家族的事

「三不去」是站在女性角度設下阻止男性在婚姻中獨攬大權、為所欲為的界限，而且在婚姻安排上，唐代女性也有較高的重要性。唐代有「陪門財」，也就是娶妻時男方必須支付的大筆錢財。《資治通鑑．唐高宗顯慶四年》中有這麼一段記錄：

> 初，太宗疾山東士人自矜門地，昏姻多責資財，命修《氏族志》例降一等；王妃、主婿皆取勳臣家，不議山東之族。而魏徵、房玄齡、李勣家皆盛與為昏，常左右之，由是舊望不減，或一姓之中，更分某房某眷，高下懸隔。

唐太宗時，為了裁抑門第，便找了個理由，說這些「山東士人」憑藉著自己的門第，和人家聯姻向對方要錢，所以修《氏族志》時在排名上予以降等；同時規定皇家要嫁娶，都不找這些「山東之族」，只和有功勳的大臣家聯姻。但是偏偏這些功勳大臣，像是魏徵、房玄齡、李勣，放不掉門第觀念，仍然特別喜歡找山東大姓結為親家，用他們的影響力左右了皇帝命令的效力，以至於不只這些舊門第繼續維持著聲望與地位，而且高低劃分得更嚴重，甚至同一郡望的同一姓，都還要講究到底是哪一支、哪一房。

《資治通鑑》接著說：

李義府為其子求昏不獲，恨之，故以先帝之旨，勸上矯其弊。壬戌，詔後魏隴西李寶、太原王瓊、滎陽鄭溫、范陽盧子遷、盧渾、盧輔、清河崔宗伯、崔元孫、前燕博陵崔懿、晉趙郡李楷等子孫，不得自為昏姻。仍定天下嫁女受財之數，毋得受陪門財。

到了高宗朝，大臣李義府要為兒子求門第婚姻，竟然被拒絕了，他愈想愈氣，惱羞成怒，就去將太宗的命令翻出來，勸諫皇帝執行、貫徹先帝的意旨。高宗也覺得需要壓制門第氣焰，於是就下了一道詔書，點名這些最高、可能也最囂張的幾家，乾脆取消他們自家決定婚姻的權利，要嫁要娶都得聽皇帝安排。

看皇帝詔書的寫法就知道，一來這時門第還是有很大的影響力，二來門第的劃分非常細，所以不能只講「范陽盧」，而要更清楚指明是「盧子遷、盧渾、盧輔」這幾家。規定門第不能自行決定聯姻對象，同時還為了不讓他們藉由收「陪門財」累積財富、擴增影響力，也特別訂定了一套嫁女兒能收取的聘金數額上限。

這是要阻斷世家大族靠著嫁女兒來彌補日益減損的經濟勢力。到這時候，世家無法再控有那麼龐大的莊園，他們能從朝廷得到的「散官」薪俸長期都很低，在這種環境條件下，這些世家還能那麼威風、那麼囂張，部分是靠嫁女兒時收取大筆錢財，等於是以自身的歷史地位換取經濟利益。通常他們會將女兒嫁給門第排序低一點、卻很有錢的人家，對方得到了門第聲望，他們則換得鉅額的「陪門財」。

《資治通鑑》又說：

然族望為時俗所尚，終不能禁，或載女竊送夫家，或女老不嫁，終不與異姓為昏。其衰宗落譜，昭穆所不齒者，往往反自稱禁婚家，益增厚價。

然而攀附門第的觀念深入人心，太難改變了，就連那麼明確的命令都招來陽奉陰違的做法，甚至產生反作用。為了規避皇帝禁令，有人偷偷嫁女兒，也有人寧可讓女兒不嫁也要堅持門第立場；還有一些原本沒落的分支，故意假裝自己是「禁婚家」，反而翻轉抬高了身價。

女性在這樣的社會架構下，有了左右家族地位升降的特殊作用，使得婚姻本身也發生了根本性質上的變化：世族靠著嫁女兒來取得經濟利益，減緩沒落速度；想攀門第的藉由娶人家女兒來改善家族社會地位。皇帝想禁止這類交換行為卻禁不了，事實上反而讓這樣的交換更難、更稀有，也就更寶貴。

於是從唐朝之後，中國傳統社會中的婚姻，從原本「兩家之事」擴大成為「兩家族之事」。婚姻本來就不是夫妻兩人之間的事，必定牽涉到兩家，但現在這家娶了什麼樣出身的女人進門，那家將女兒嫁入怎樣的人家，都會造成整個家族社會地位的變動，因而婚姻安排上要考量的因素更多了，會有意見的人也更多了。這樣一種從家族角度看待婚姻的風俗習慣，就從唐代一直存留下來。

06 假子制流行，外族大量湧入中國社會

另一個同等重要的變化，是使得婚姻制度中血緣結合、生育後代的意義下降，而作為人為的、社會建構的意義相對上升。

在《不一樣的中國史》第五冊談東漢歷史時曾強調，當時的皇后是一個政治角色，而不是家戶角色。皇后作為皇帝妻子的意義，遠遠不如她將皇帝與豪族聯合起來的作用。這樣的婚姻型態，在唐朝變得很普遍，要和誰結婚不是個人的考慮，毋寧是基於家族利益的全盤考量決定。婚姻的目的是要建構一組「對的」、「有用的」社會關係。婚姻中夫妻兩人如何互動、如何相處沒那麼重要，比較重要的是會對兩個家族之間產生怎樣的關係作用。

重視親族的人為建構，在唐代產生了另一個社會現象，就是「養子制」或「假子制」的流

行。那是藉由將一個人視為「假子」而將他變成親族的一部分。假子沒有自然血緣關係，卻有社會親族關係，可以當作兒子一般親近、信任。

唐朝的假子有很多不是漢人。這套制度之所以流行，就在於提供了一種將胡人納入社會信任系統中的管道。不需要真正胡漢通婚，不需要處理漢人和胡人的複雜文化差異，只要將一名胡人收為「假子」，就能夠擴充家族。唐人社會看重新奇，而且喜歡炫耀，家中有一個長相明顯不同的胡人，突然和別人家不一樣，在當時是件值得誇耀、有助於提升家族地位的事。

「假子制」大流行，也指向一個事實，那就是這段時期進入中國的外族人，男女比例並不均等，主要都是男性，女性少得多。男性有比較多的機會可以藉由像「假子」這樣的安排，融入中國社會。

這段時間外族進入中國的人數非常多。依照《舊唐書》的記載，光是貞觀三年（西元六二九年），北方胡族投降歸附的，就有高達一百二十萬人進入中國。三年之後，西元六三二年，西北的党項羌也有三十萬人進入中國。到了文宗朝時，又有十二萬高句麗人進入中國，被安置在淮北地區。

這些記錄清楚顯現了從初唐到中唐，非漢族血統的人大量湧入中國社會中。隋文帝、煬帝建大興城、洛陽城就已經為唐朝做了準備，讓外國人聚居在這些大城市裡。德宗貞元年間，西元七八七年左右，調查發現在長安城內置有田產的「胡客」高達四千多人，其中有些人住在長安已經四十年了！

貞元年間距離「安史之亂」大約才三十年，我們還要考量當時因「安史之亂」產生的社會氣氛變化，即升高了對胡人的敵意，那麼回推到初唐、盛唐時期，長安的外國人社群應該還要更熱鬧吧。

胡人進入中國的一個管道是集體「歸附」。歸附時不只人民進來落戶，常常連人家的朝廷官員也一併由唐朝接收。例如打敗了東突厥之後，唐朝就將其大部分的政治菁英帶過來，讓他們到朝廷上站班，人數和原來的唐朝官員幾乎一樣多。此外，國子監也收外國人，提供讀書和生活的條件，還開放參加科舉考試進入朝廷的機會。唐朝這種對外開放，允許外人大批進入，甚至積極引進外人的態度，在中國歷史上是極為特殊的。

07 從「十部樂」看樂舞的異質風格

這樣的特殊態度自有其來歷和背景。唐朝建立之際，正值西南方和西方兩個重要的宗教積極地向外擴展。

西南方的是佛教。佛教擴展已經持續了相當時間，仍然沒有停止。從南北朝以來，佛教對中國社會的影響愈來愈深，更進一步又以中國為中繼，再傳到日本等地。西方還有伊斯蘭教，此時開始挾著教義與武力進入西域。有著信仰為後盾，宗教擴張的力量非常驚人，可以超越一般動機下無法克服的自然或人為障礙。

藉由宗教的擴張，創造出許多過去不存在的交通管道，刺激了許多人朝遠方進發。因而這個時代要從西方或西南方到達中國，比以前容易多了。唐朝沒有採取防堵政策，前所未見的大批胡人就透過這些管道進來，同時帶進來許多異質的胡人生活習慣，衝擊並改變了中國的音樂、舞蹈等文化形式。

唐朝正式的音樂沿襲隋制，是用於宮廷宴會時的「九部樂」，後來改為「十部樂」。音樂開始於「清樂」，類似「序曲」的性質。這種「清樂」採用的部分曲調獨立出來成了「清平調」，李白的三首名詩，就是可以搭配清平調唱的歌詞。「清樂」之「清」，因為是相對傳統的風格，運用的樂器是古琴，相較於後面的音樂要來得平淡、平和。

「清樂」之後進入樂曲的主體，那是「西涼」、「龜茲」、「天竺」、「康國」、「疏勒」、「安國」、「高麗」，看名字就知道是從外地來的音樂。「九部樂」中除了開頭的「清樂」和最後的「禮畢」，其他七部都是以中國以外的地名稱呼的。原本「九部」，太宗貞觀年間廢「禮畢」、增「燕樂」，貞觀十四年平定高昌後不久，又將「高昌」加進去，多了一部。

在這過程中，不只是音樂的風格大為擴張，還帶進了許多不同的樂器。今天在不同地區被稱為「中樂」、「華樂」、「民樂」或「國樂」的，所使用的樂器其實都不是中國傳統上的，而主要是唐朝時從西域傳進來的。真正的傳統樂器大概就只有琴，但琴的音量太小，不容易參與合奏，在唐朝音樂中沒那麼重要。等到宋朝之後，因為文人文化興起，才有琴的復興，成為用來表達個人心思情境的首要工具。

中國古代的傳統樂器，如編鐘或竹笛，到了唐代愈來愈少被演奏，就算保留下來，基本上也只是在皇宮中行禮如儀運用而已。相對地，外來樂器的聲音、節奏效果較能符合唐代的氣氛與偏好，特別是能夠用來表現活躍的節拍與音響的，還有能發出較大音量的。原本的傳統樂器在音高變化上不好操縱，而且通常只能發出小空間裡能聽到的音量，顯然既無法運用在激烈舞蹈的大空間中，也無法奏出能產生快速變化的樂音。需要音樂的環境改變了，於是傳統樂器雖然沒有消失，但能夠適用的場合愈來愈有限。

舊音樂並沒有在唐代消失，因為在這個時代傳到了日本，保留在他們的「雅樂」裡。在中國近世以後，除了作為文人文化一部分而發展的古琴音樂之外，其他的就敵不過主要從西域而來的樂器競爭，逐漸廢棄不用了。

08 僵化的主觀世界，沒能妥善應對胡人

唐朝的知識核心仍然是經學，而且相較於之前的六朝或之後的宋代，唐朝的經學是最嚴格、甚至可以說是最僵化的。從哲學史或思想史角度看，大家很容易從反面感受唐朝的這項特性。

唐朝之前的六朝，有老莊思想的復興及再創造，有成就驚人的佛教中國化歷程，兩者又彼此影響構成了玄學體系；唐朝之後的宋代，更是有波瀾壯闊的「理學運動」重新改造儒家思想，重新定義儒家。相對地，唐朝有輝煌的文學，卻相對舉不出什麼重要的思想家，提出了什麼突破性的哲學觀念，建立了什麼有創造性的系統。

六朝時北方漢人世家中極為強調「禮學」，以維繫家族傳統，連帶地北方經學也比南方要來得發達。但隋朝建立後，尤其在隋煬帝時，形成了在文化上北方羨慕南方、自認不如南方的價值觀，以至於唐代的禮學、經學轉而跟隨南朝的傳統。南朝玄學很發達，文學也很發達，但禮學相對地就很保守。在建構唐代經學的過程中，原本北方比較有創意、有見地的經學發展就受到忽略，後來又隨著世族沒落而被排除在外。

自漢末以來，社會長期動盪混亂，禮學、經學因而被視為亂世中少有可以不變不改的內容，本來就很強調依循古訓。到了唐代，有意識地要收拾亂局，就格外重視從文字上著手，將文字固

定下來作為基礎和依據。中國文字有極大的穩定性，不隨語言而改變，可以抗拒語言在時間中流傳所造成的變化。唐代格外抬高文字的固定性質，經學的內容就變成用一層一層節制的方式，讓經書文字沒有任何變動解釋的空間。如此一來，經學當然不可能承載什麼創造性的思想內容。

倒過來看，宋代之所以產生熱鬧活潑的理學，正是因為唐代的經學瓦解了。唐代的經學是個緊箍咒，必須從這裡得到解放，思想才有廣度和深度上開創的空間。

唐代經學講究格式化，例如「經注疏解」的層級就是在這段時期固定下來的，規定「注」是解「經」的，「疏」是解「注」的，「解」則是集合並列各種不同說法的，是嚴格的四層次序。而且下一層不能違背上一層，也就是「注」不能有違背、修正「經」的內容，同理，「疏」也不能有違背、修正「注」的內容……。經文這樣講，注就只能按照字面去解釋，不能有所質疑、有所發揮。

如此一來，在理解經書上的任何創見，甚至只是和前人不一樣的看法空間都被扼殺了。要到中唐之後，這項規矩才慢慢打破，到了宋代理學，才能有陸象山那種「六經注我」的思想氣魄——強調重要的是經書背後的共通道理，是我作為一個人就必然內在具備的真理，而不在六經表面的字句。在這裡產生了躍動的近世哲學開創精神，卻是在唐朝完全看不到的。

同樣的格式化要求也出現在唐朝政治與社會的管理上，那也是四層制，分別為「律」、「令」、「格」、「式」。這也是嚴整的規範，在「律」之下，有關尊卑貴賤等級的劃為「令」，管轄官僚行政程序的劃為「格」，而「式」的等級最低，是一般行為的守則。下面的只能解釋、補充上面的，不能有超出上面範圍的其他內容。

唐代流行的近體詩也是講究格式的。只能有五言和七言兩種，只能有四句的絕句和八句的律詩，而且每一句聲音平仄如何安排、如何對偶，也都有嚴格的規定。這樣的形式因為是在唐朝發展的，所以稱做「近體」，不只和「古體」相對，地位上也比「古體」要高。

這些例子顯示了一個根本問題，那就是唐人這樣嚴格到近乎僵化的主觀世界，缺乏足夠的彈性來應付客觀世界的變動。中唐之後，這個朝代之所以那麼快就江河日下、瀕臨瓦解，關鍵原因就在於主觀世界和客觀世界之間的根本矛盾差異。

初唐和盛唐時期開放地、大量地吸納胡人，但到了安史之亂後，唐朝突然不知道該如何繼續對待胡人，如何安排他們在社會中的位置。安史之亂源起於一個最為朝廷信任的胡人，後來又藉著幾個胡人的力量才得以平亂，如李光弼是契丹人、僕固懷恩是鐵勒人、李懷光是靺鞨人。

但看看李光弼吧，他平定了安祿山、史思明的動亂之後，卻不敢也不願回朝。因為朝中以宦官魚朝恩為首，開始歧視胡人，至少是提防胡人。李光弼儘管立下大功，還是擔心回到長安朝廷會被魚朝恩害死。

這是很嚴重、很根本的衝突。客觀現實上，不靠這些胡人，唐朝沒有能力解決安祿山所引發的一連串問題；然而在主觀上，唐朝遲遲沒有將胡人安排進來，他們的集體心靈秩序中仍然排斥胡人。從中唐到晚唐，這個王朝始終沒能找到一種妥善應對胡人的方法，導致了王朝的傾覆。

唐代最有名的大文學家韓愈，他寫的文章中有一篇〈諫迎佛骨表〉，歷來許多選集和現代課本都曾納入這篇文章。文章中韓愈強烈反對唐憲宗「迎佛骨」，所提出的理由是：

夫佛本夷狄之人，與中國言語不通，衣服殊制，口不言先王之法言，身不服先王之法服，不知君臣之義、父子之情。……況其身死已久，枯朽之骨，凶穢之餘，豈宜令入宮禁？孔子曰：「敬鬼神而遠之。」……乞以此骨付之有司，投諸水火，永絕根本，斷天下之疑，絕後代之惑。

這是以鄙夷的口氣，以佛的身分來否定其重要性。佛不是我們自己人，對我們的文化不了解，又死了那麼久，殘餘的屍骨骯髒不吉利，怎麼能進宮呢？最好的方式就是把佛骨拿去燒了乾淨，免得人民受到愚惑。韓愈用這種態度看待皇帝看重的佛骨，差點因此被殺，後來被流放到極南邊的潮州，才有和鱷魚的糾葛，寫了另外一篇名文〈祭鱷魚文〉。

在那個時代，韓愈是有代表性的。中唐之後，社會上原本開放的意識與態度轉為緊縮，抗拒、反對外來事物，以至於連進入中國幾百年、還是皇帝和皇室重視的佛教，對韓愈及其代表的社會價值而言，都在應該被排除的範圍。「佛本夷狄之人」，對韓愈來說，光是指出這樣的外來身分，就足以要求將佛排除出去。但實際上，不只是國境內已經有那麼多胡人，而且也沒有具體阻止胡人繼續進入中國的政策與做法，於是客觀環境和主觀秩序的衝突愈來愈嚴重。

09 從均田到兩稅：人身統治模式的瓦解

此外，有些原本在唐人主觀想像中秩序井然的規劃，這時不再是客觀事實了。為了應付戰亂，到德宗朝時，對於府兵制和均田制都有了大幅的改動。從北朝延續下來的府兵和均田，有著數字式的嚴格齊整，一層一層乾淨清楚，最為符合唐人的主觀想像。但如此乾淨清楚的主觀想像怎麼可能應付得了複雜的客觀變化呢？

德宗朝採取了「兩稅法」，這項制度命名的由來，是將原本的「租庸調」三項整合起來，分夏、秋兩季來繳納。為什麼要這樣改？因為租庸調背後的均田已經無法實施了。

均田是個很死板的制度，在制度設計上每個人和國家之間的關係都是一樣的，沒有地區差異的彈性，而且這項關係是固定在土地上的。從國家那裡得到授田而納入均田制的人，是沒有遷徙自由的，也沒有土地買賣的自由。這樣的做法，在平亂之後恢復秩序時很有效，可以安置流民，讓他們不再繼續流竄；可是真正的承平時期，人口增加後就會遇到無田可授的問題，沒有從國家那裡得到授田的人，也就等於和朝廷沒關係了。而到了動亂時期，人民一旦被迫離開原本授田的土地，也等於同樣和朝廷失聯、沒有關係了。

均田制加上府兵制，這是嚴格的「人身統治」模式，國家直接管理每個人——你是誰、你住哪裡、你今年幾歲、你家裡有幾個人。國家藉由授田掌握了這個人在哪裡，也就掌握了這個人作為可靠的兵源。兩稅法則採取完全不同的原則，為的就是因應人身統治模式的瓦解。國家沒辦法授田，就無法掌握人民，也就無從徵收租庸調，所以不得已要將「人身統治」改為「戶別管理」。

兩稅法的關鍵原則是「戶無主客，以見居為簿」，意思是以戶為單位，今天這家人住這裡，不管他們從哪裡來，是原來就住這裡的（「主」）還是新搬過來的（「客」），反正就是將他們登錄下來，讓他們納稅。

另外是「人無丁中，以貧富為差」。「丁中」指的是原本「丁中制」裡的分類，這時候不管那些分類了，不論多大年紀、什麼樣的人住在這裡，就是看家中收入多寡狀況，給予一個評等，照那個評等收稅。

一切都以戶為準，個人變得沒那麼重要，這一戶到底有多少人、男丁幾名女人小孩幾名、男丁的年紀大小等都不管了。這戶收入多、過得好，朝廷就多收一點，情況差的就少收一點。很明顯地，原先那種嚴整的秩序維持不住了，所以必須從「人身統治」退為「戶別管理」，以調查評等為基準向人民收稅。

農民從土地解放出來，不再被拘束在一塊固定的土地上，而且原本分項繳納徵收的租庸調現在變成一起徵收。史家黃仁宇先生再三強調中國王朝政治的一項特性，用他的話形容，就是「數字上無法管理」（mathematically unmanageable）。最大的問題在於中國人的數字觀念中缺乏嚴謹的單位意識，會將不同單位的數字混在一起。

現在的小孩學算術，很早就知道不同單位的數字不能拿來相加減乘除，但傳統中國在計算上卻常常出現類似將三頭牛、五口羊、兩隻雞加起來等於「十牛羊雞」的算法。這是數字上無法管理最根本的原因。租、庸、調徵收進來的是不同的物品，過去沒有辦法得到統合的加總，以掌握其增減消長。兩稅法算是一項進步，將租、庸、調整合為「稅」，也就是基本上改以「錢」來統合計算。

漢朝瓦解之後，原本的五銖錢不再通用，六朝時中國的經濟大幅退回不使用錢、無錢可用的實物經濟狀態。到了隋唐，朝廷重建起公信力，重新鑄造錢幣，不過國家的租庸調仍然以實物為主，等於相當程度維持了實物經濟型態，也就讓錢幣的需求沒有增長得那麼快。

兩稅法終結了國家對於實物經濟的支撐，產生了快速向貨幣經濟轉化的壓力。短時間內，貨幣成為一切價值計算、交易、累積的標準，中國進入了新的貨幣經濟階段。而由實物經濟轉為貨幣經濟，正是中古史和近世史兩大歷史斷代的根本差異之一。我們看近世歷史，幾乎每一朝都要面對如何供應足夠貨幣以撐持經濟的困擾，因而在宋代開始出現「交子」、「會子」等非貴重金屬的新形態貨幣。由此就能推斷了解，唐朝國家收入從租庸調制轉為兩稅法所帶來的巨大變動與挑戰。這樣一種根本的改變，是由瓦解唐人原本的主觀想像秩序所造成的。

10 「同中書門下」的相權降等意涵

在政治上也有類似的瓦解破壞出現。唐朝建立了表面規範上最完整的一套政治安排，其中包括了在西方歷史上還要再等幾百年才出現的權力監督制衡（check and balance）原則。不只是「律令格式」層次井然，還有皇權和相權的巧妙平衡。依照制度，唐朝皇帝下的命令，必須經過門下省簽署，當時稱為「門下封駁權」，官僚體系可以藉由這項權力限制皇帝，皇帝不能任意想怎樣就怎樣。

但「門下封駁權」當然不是絕對的，光靠「門下封駁權」本身無法真正限制皇帝。毋寧說是在主觀想像的秩序中藉由「門下封駁權」的存在，使得皇帝尊重相權，在權力運用上自我約束。然而皇帝的客觀做法打破了原本的主觀安排。皇權擴張最簡單、最直接的做法，就是不要讓官僚體系有實質、單一的領導人。唐代政制上有一個頭銜叫做「同中書門下」，關鍵在這個「同」字，意思是讓你做宰相的事，但沒有要給你宰相的身分與地位。

到後來又有「同中書門下平章事」，這個更長的名稱是要進一步確認，從所做的事情上看，你和宰相一樣，換句話說，在身分地位上可就不一樣了。這是將真正帶領官僚體系的人在位階上，尤其是相對於皇帝的地位上再降等。

先是皇帝壓制相權，接著是藩鎮坐大，將地方上的權力奪走，皇帝逐漸管不到地方，只剩下管中央的權力。地方勢力愈大，皇帝愈管不到，就只好愈專注地抓緊中央權力。皇帝在中央的權力愈來愈大，相對地相權就持續萎縮。表面的律令格式都很好看，但到中唐以後的政治實質就不是這樣了，然而唐人遲遲找不出讓表面制度和實質權力同等運作的方法，讓主觀想像與客觀事實可以趨近、重合。

北宋之後的近世社會中的一些變化趨勢，其實在唐代就已經存在，例如改為兩稅法後的人口流動現象，以及城市的興起與轉型；例如科舉制度中士人和官職間的關係逐漸鬆動，士人從對官僚體制的認同轉變為對自身集團的認同等等。

但是唐朝始終沒有發展出一套相應的主觀秩序來容納、處理這些新鮮的客觀變化，必須留待宋朝建立後才能解決。而宋代的許多做法，也應該放在這樣的脈絡下才能看得更清楚，像是建立中央集權的「強幹弱枝」政策，或是刻意壓抑武人、武將地位的「重文輕武」安排，都是為了對付唐朝遺留下來、遲遲沒有處理的長期問題。

第五講

重讀唐詩（一）

01 不是所有的詩都是「唐詩」

在華人的常識中，詩和唐代幾乎總是聯繫在一起。孩童教育中有一個長期不變的功課，就是「背唐詩」，這不只是相信詩就應該要用「背」的，而且好像所有值得兒童背下來的詩都是「唐詩」，雖然有些其實不是唐人寫的，也都通稱為「唐詩」。

很多朝代都有詩，然而以詩這個文體來說，顯然唐朝占有特殊地位。一般文學史習慣以文體來斷代，漢賦、六朝駢文、唐詩、宋詞、元曲、明清小說，的確不同時代會有不同的代表性文體，也的確詩的發展在唐朝到達了輝煌的高峰階段。

不過在詩這件事上，應該稍微提醒大家，除了注意唐詩之外，也不能輕忽宋詩。錢鍾書先生在《談藝錄．詩分唐宋》中說：「唐詩、宋詩，亦非僅朝代之別，乃體格性分之殊，……唐詩多以手神情韻擅長，宋詩多以筋骨思理見勝。」

詩並不是在唐朝就發展完了，宋人也不是只寫詞。宋代不只出了很多詩人、寫了很多好詩，而且依照錢鍾書的意見，宋詩有著和唐詩很不一樣的性格。唐詩飛揚，宋詩沉潛；唐詩重才氣，宋詩重思慮。所以我們不能單純地將宋人所寫的詩看作是唐詩的遺緒，應該要體會、欣賞宋詩不同的性格與意趣。

從這個角度看，凸顯了唐詩作為更長的中國詩史傳統中的一環。唐朝之前就有詩，唐朝之後仍然有詩，那麼唐詩和之前、之後的詩有何不同？形成唐詩地位的因素是什麼呢？也就是相較於之前、之後的詩，唐詩的獨特之處何在？

從歷史而不是從文學的觀點出發，讓我們在敘述個別作者與欣賞作品之前，先宏觀地探討唐詩的精神。

02 近體詩：講究語言上的音樂性

中國詩的演變有一個基本的方向，就是在形式條件上愈來愈嚴格，規律愈來愈多。古樂府詩是很自由的，例如這首〈西門行〉：

出西門，步念之，今日不作樂，當待何時？逮為樂，逮為樂，當及時。何能愁怫鬱，當復待來茲。釀美酒，炙肥牛，請呼心所歡，可用解憂愁。人生不滿百，常懷千歲憂。晝短苦夜長，何不秉燭遊。遊行去去如雲除，弊車羸馬為自儲。

走出西門，邊走邊想，不趁著今天這時候找樂子玩玩，要等什麼時候？不要等、不要等，就是現在。總不能老是愁眉苦臉一直等吧。要有美酒，要烤肥牛，依照自己喜愛的來解憂愁。人一生活得再長，頂多不過百年，卻常常懷抱著千年的憂苦。這麼短的生命光是用來享樂都不夠了，白天那麼短，不方便的夜晚偏偏那麼長，那就應該燃起蠟燭，連夜晚都要用來遊玩啊！玩玩走走，沒多久人壽終結了，要上天去了，連破車瘦馬都自己準備好了。

這首詩各句字數不統一，有三言、四言、五言、七言，如果將重複句算進去，那就還有六言的。而且詩在中間轉韻，用了兩個韻，不是一韻到底。詩中五言的部分，有四句詩：「人生不滿百，常懷千歲憂。晝短苦夜長，何不秉燭遊。」也以基本相同的文字出現在《古詩十九首》中：

生年不滿百，常懷千歲憂。
晝短苦夜長，何不秉燭遊。
為樂當及時，何能待來茲？
愚者愛惜費，但為後世嗤。
仙人王子喬，難可與等期。

不只有幾乎完全一樣的句子，而且詩要表達的意念也很類似，「為樂當及時，何能待來茲」也就是「何能愁怫鬱，當復待來茲」；「仙人王子喬，難可與等期」也可以說是「遊行去去如雲除」的一種變調。不過後面這首詩在形式上變成嚴格的五言詩，不再有不同字數錯落的句法。樂府詩基本上是入樂的，即配合音樂的歌詞，所以會隨著樂曲的旋律搭配不同長短的句子。到了《古詩十九首》，這樣的作品就離開了音樂，以文字的形式獨立存在。

明代李東陽在《麓堂詩話》中解釋詩的發展說：

詩在六經中別是一教，蓋六藝中之樂也。樂始於詩，終於律，人聲和則樂聲和。又取其聲之和者，以陶寫情性，感發志意，動盪血脈，流通精神，有至於手舞足蹈而不自覺者。後世詩與樂判而為二，雖有格律，而無音韻，是不過為排偶之文而已。使徒以文而已也，則古之教，何必以詩律為哉？

他認為古代經學中，《詩》和《樂》原本是同一回事。所謂《樂經》指的是音樂的部分，《詩經》則記錄了所唱的歌詞。音樂一開始是配合詩的，後來有了自身的樂律，也就是宮、商、角、徵、羽這些音樂的律則。古代的詩不只能唱，還能用來跳舞，但後來逐漸地詩和音樂分開了，詩歸詩，音樂歸音樂。李東陽的立場乃主張詩和樂應該回復合一的狀態，而他用來支持主張的歷史描述基本上是正確的——從漢代以後，詩的發展方向就和音樂漸行漸遠了。

樂府詩在字句和聲音上的安排，還是考慮到音樂、跟隨著音樂；但是到了後來詩從音樂中獨立出來，就轉而追求來自語言的一種不同的音樂性，不再是唱的，而是唸的，或是吟誦的節奏與韻律。

這樣的轉變在唐代流行的近體詩中發展到了極致。詩作為一種文學的形式，講究的完全是語言上的音樂性。這和中國文字的特殊地位有關，文字的地位比音樂高，也比語言高，自成一個系統，也就形成了自身的規律，既不是音樂的，也不是一般語言的，而是刻意追求一種和日常語言區隔開來的規律。唐詩在聲音上的特色，就在於沒有要搭配任何特定的旋律，也和日常一般人說話拉開了很大的距離。

詩不再能唱，所以到了晚唐、五代，就出現了另一種搭配當時流行音樂而寫的東西，那是「詞」，又稱「長短句」。詞其實和之前的樂府有著共同性質，都先是為了歌唱而存在的。依據不同的詞牌，句子有不同的長短安排；看到列在最前面的詞牌，就知道該搭配什麼樣的旋律來唱這樣的歌詞。

然而到了宋代，詞從民間歌人手中進入到文人文化中，文人有意識地進行詞的創作，很快就出現像蘇軾那樣完全不諳音律的詞人。可想而知，不通音律也不顧音律所寫的詞是沒辦法唱的，詞就又不再是歌詞，而變成了文人之詞，也就是可以脫離音樂而存在，甚至必須和音樂脫鉤的文學形式。只能讀、只能吟誦，儘管還是列著詞牌名，卻再也沒有人拿這些詞去唱歌了。

宋詞之後有元曲，這又是來自音樂。新時代的音樂形式刺激出新形態、新精神的歌詞來，是為「曲」。然而曲，尤其是「散曲」，進入文人之手，經過文人介入、創作、改造，沒多久音樂的元素又被拋開了，曲又成為文字文學的形式，主要以閱讀、朗讀來欣賞體會。

這是中國韻文根深柢固、反覆出現的基本發展模式。追求文字內部的聲音之美，這樣的特性在唐詩中就完全確立了。沒有更多變化的旋律，只靠文字發音來製造節奏、韻律等音樂性，也就需要對文字聲音的彼此關係有更精密的認識與分析。從西域來的音聲概念，適時提供了這方面的知識背景，對於中國文字發音的平仄上下順序與對稱規律，南朝時如沈約所提出的「四聲八病」[7]等統理歸納，為唐詩打下了穩固的基礎。

03 沒有整齊對仗能力，就沒資格作詩

從《古詩十九首》到唐詩，另外有一個重大變化，可以說是從量變到質變的發展，那就是在

7 「四聲」，指平、上、去、入四種聲調；「八病」，指平頭、上尾、蜂腰、鶴膝、大韻、小韻、旁紐、正紐這八種詩文聲律上應避免的毛病。《南史．陸厥傳》云：「時（南朝齊永明年間）盛為文章，吳興沈約、陳郡謝朓、瑯琊王融以氣類相推轂，汝南周顒善識聲韻。約等文皆用宮商，將平上去入四聲，以此制韻，有平頭、上尾、蜂腰、鶴膝。五字之中，音韻悉異，兩句之內，角徵不同，不可增減。世呼為『永明體』。」

字詞對仗上的講究不在同一個等級了。

《古詩十九首》中有「青青陵上柏，磊磊澗中石」或「胡馬依北風，越鳥巢南枝」這樣的對偶句，但第一，沒有規定詩句非這樣鋪排不可；第二，那被認為是裝飾、增添趣味，帶有附加性質，而非本質性的。到了南朝時，像是《玉臺新詠》中的作品，對仗帶有高度的炫耀性，那是用來展現詩人的特殊能力，有本事做到別人做不到的。

在唐人的近體詩中，對仗不是裝飾性的，也失去了炫耀性質，那是在體裁形式中嚴格規定的。沒有整齊對仗能力的，根本沒有資格創作近體詩，也等於無法取得詩人的身分。

近體詩指的是絕句和律詩，絕句只有四句，律詩也只有八句，各分五言和七言兩種形式。那麼短的篇幅，因而可以貫徹非常嚴格的規律。從聲音上看，基本上一首詩第一個字是平聲或仄聲，就完全決定了詩中其他每一個位置上的字應該是平聲還是仄聲；詩中第二句結尾那個字的發音，也同時決定了每一句的最後一個字可以有哪些聲音上的選擇。

不只如此，詩基本上是兩句兩句配對，律詩規定第三句和第四句在一起稱為「頷聯」，第五句和第六句在一起稱為「頸聯」，這兩句都是要嚴格對仗的。

對仗的講究到了唐代變得十分複雜。六朝時劉勰的《文心雕龍》中有「四對」的說法，到了初唐的上官儀就成了「八對」，增加了一倍。劉勰的「四對」分別是「言對」、「事對」、「正對」、「反對」，即《文心雕龍．麗辭》所說：「故麗辭之體，凡有四對：言對為易，事對為難；反對為優，正對為劣。」

「言對」指的是形式上的對仗，例如「一心」對「三位」，發音上前面是「仄平」，後面是「平仄」；「一」和「三」都是數字，「心」和「位」都是名詞。這樣的「對」是容易的，但「一心」和「三位」在意思上有什麼關係呢？那就不如「霜寒」對「露冷」，聲音上「平平」對「仄仄」，文法上都是名詞接形容詞，更重要的是兩者之間有明確的關係連結，都是形容秋天感受的。這樣就成了「事對」，不只是「言對」。

不過「霜寒」和「露冷」描述的是類似、相近的感受，這叫做「正對」，還不夠好。最好能在對仗時擴充詩的意思，不要為了對仗而重複，所以應該盡量「反對」。「霜寒」如果對「霧重」就有變化，一個是觸覺的，另一個則是視覺的，會比較好。

上官儀在《筆札華梁》中所提的「八對」則是：「正名」、「隔句」、「雙擬」、「連綿」、「異類」、「雙聲」、「疊韻」、「回文」，講的不是如劉勰那樣的對仗基本原理，而是進階版的，討論更高難度的對仗方法。也就是說，他認定他的讀者都知道如何作出基本的對子，因而提出了精進對仗的八種模式。

04 「是非」變成「對錯」，對仗深入人心

和上官儀用心相似，初唐元兢也提出了他的「八對」，[8]還舉出了幾個特殊的對仗例子。元兢舉例的「奇對」中，有「馬頰河」對「熊耳山」。這本來是兩個地名，但第一字都是動物名稱，第二字又都是臉上的部位，再加上「河」對「山」，配合得非常巧妙。

另外一個「奇對」，一邊是歷史上鼎鼎有名的「曾參」，人名要怎麼對呢？「曾參」要對「陳軫」，一來這兩人都是東周之人，時代相近；二來「曾」的本意是「曾經」、「過去」，那「陳」呢，是「陳舊」，老的或過時的，有著類似的時間意涵；最有趣也最難的是，「參」和「軫」這兩個字都是古代天上星宿的名稱！

要認真講究對仗，那變化可多了。他舉了一個「桂楫」對「荷戈」的對法。從一般字義上看，前者指的是用桂木做的船槳，後者指的則是扛著武器或鋤頭，怎麼能對呢？且「桂」是名詞，「荷」是動詞，光是詞性就不符合啊！但元兢說這叫做「字對」，就是將原本的詞拆開來，單字單字對，「桂」和「荷」都是美好的植物，而「楫」和「戈」都是工具，可以這樣來對。

關於「字對」，崔融的《唐朝新定詩格》中還有一個有趣的例子，即「山椒架寒霧，池篠韻涼飆」。前句「山椒」是一個詞，指的是山頂，形容高高地撐起了寒霧；後句的「池篠」指的則

是池邊的竹子，在詞性上原本也是不同的。但若依照「字對」的原理，用「山」對「池」，「椒」對「筱」，如此就對上了。

元兢還提到一種對法，像是「馮翊」對「龍首」。這在對什麼啊？這叫做「半邊對」或「側對」，「馮」的半邊是「馬」，可以和「龍」對；「翊」的半邊是「羽」，指身上的部位，所以可以和「首」，也是身上的部位對仗。

這些對法近乎巧戲了，我們可以不必那麼認真看待，在歷史上真正需要明瞭的是：如果不是將對仗看得如此重要，在對仗上耗費過許多工夫，是不可能產生關於這些古怪對法的討論的。

唐代以後，對仗就成為中國文人必備的基本能力，在教育中占有必然的一席之地。清代《笑林廣記．腐流部》中有一則流傳很廣的笑話，就是關於作對子的。有一名塾師去教有錢人家的孩子，那孩子頑劣不堪，很難教導，但為了不薄的束脩，老師也只好勉強應付著。有一天東家問起，小孩學得怎麼樣呢？老師滿口稱讚，說小孩聰明，學得快又學得精。東家要查驗教育成果，就來考一下。考什麼呢？考作對子。

於是老師出了題「蟹」，看看學生怎麼對。小孩想了一下，說對「傘」。這就怪了，「蟹」怎麼能對「傘」呢？老師趕忙解釋：「對得好！蟹是橫行的，傘是直立的，對得好！」東家有點

8 據元兢《詩髓腦》，他提出的「八對」分別為：正對、異對、平對、奇對、同對、字對、聲對、側對。

狐疑，老師再出一題「種稻」，小孩對什麼呢？竟然對「行房」！小孩腦袋裡會有「行房」已經很不對勁，更何況拿這個來對「種稻」？沒關係，老師也有解釋：「對得好啊！都說『積穀防飢，養兒防老』，不種稻怎麼積穀？同樣地，不行房如何養兒呢？對得好！」

這是笑話，今天很多人恐怕無法領略好笑之處，因為要在如此講究對仗的環境裡，才可能產生這種笑話，人們也才會聽了爆笑出來。

因為講究對仗，因為對仗法則深入人心，唐代之後就出現了一直到今天還通用的「對錯」一詞。在此之前，中國人說「是非」，你同意、贊成的叫「是」，你不同意、不贊成的叫「非」。然而現在前者我們說「對」，後者是「不對」或「錯」。「對」原意指的是正確地將這個字詞和那個字詞符合規則地對仗。「天」和「地」是「對」的，「天」和「走」就是「不對」。「不對」的兩個字詞就沒在一起，就「錯開」了，就「錯」了。

從「是非」變成「對錯」，可見這種文法規律在中國社會裡變得何等重要！

05 唐詩的不自由和獨特精神怎麼來的？

為什麼唐代的詩會如此不自由？從聲音到字義有著重重約束規範，更大的約束規範還在於將作品的規模壓縮到那麼小。近體詩頂多五十六個字，最少的甚至只有二十個字。是什麼樣的精神或價值支持這樣的形式呢？

有一種解釋認為這和科舉考試有關。為了考試評卷比較容易，也要有比較客觀的標準，所以一方面將篇幅縮短，一方面訂定嚴格的規範。閱卷老師看詩，先看是否合於格律，不合或出格的馬上就淘汰，不必再麻煩地評等第高下。而在都合乎格律的作品中，又很容易分出運用聲調和對仗的本事。最後，就算在格律上無法分辨優劣的作品，需要認真閱讀評價，也總共就那麼幾十個字，花不了太多時間。

劉若愚先生在《中國詩學》中則提到，這種形式應該和佛教，尤其是禪宗的信念有關，也就是追求瞬間的領悟，並且動用美感作為領悟的刺激與指引。這類似西方短篇小說在美學上講究的epiphany，即靈光乍現的片刻，只能透過短的篇幅、戛然而止所製造的餘韻效果來達成。

有外在的影響，也有內在的原因，造成了唐詩這種特殊的形式，同時也就相應產生了唐詩的獨特風格與精神。因為短小、有規律，所以唐詩所需的技巧能力遠超過表達天分。熟悉了規律，任何人都能依循規律寫出像模像樣的詩來。

正因為短小精巧，不必有太高的天分，也不需長期累積的琢磨經驗，很多人都有機會寫出好作品。今天留下來的《全唐詩》，是一七〇五年（清康熙四十四年）編纂完成的，距離唐朝結束（西元九〇七年）已經將近八百年，卻還能收集到四萬八千多首，更驚人的數字是有兩千兩百多位作者。依此設想，原本唐朝時可能有幾萬人寫詩，寫下了上百萬首詩，應該不為過吧！

日本弘法大師空海在中唐貞元年間到中國訪問，蒐集了資料後，回到日本寫了一本很有意思的書，叫做《文鏡祕府論》，內容講的都是作詩的方法。從他刻意選擇的書名引申，我們可以說這是一本寫詩的武功祕笈，裡面從「四聲」、「八韻」開始教，然後升級到「十體」、「六義」、「八階」、「六志」、「九意」，練好對仗的種種把式「二十九種對」（從「四對」、「八對」，這時候倍增到「二十九對」了！），再認真檢驗所寫的有沒有落入「文二十八種病」或「文筆十病」之中……

會有這樣的書，是因為當時寫詩，與其說是文學藝術，毋寧更接近一門武功。要掌握方法，要反覆練習，於是就有了專門提供祕訣捷徑的各種參考書。另一本重要的參考書是《佩文韻府》，書名中也有「府」字，表示是個大倉庫，可以在裡面找到很多東西。

《佩文韻府》和《全唐詩》同樣是在清康熙朝完成的，裡面收錄了一萬九千多個漢字，是按照寫詩時所需講究的「韻」排列的，而且在每個字底下羅列了和這個字相關的眾多典故。這是寫詩時不可或缺的工具書，選了什麼韻，可以用什麼字，有哪些典故可以用這個字來縮寫表達，通通都查得到，一邊翻書一邊寫詩，那就省事多了。《佩文韻府》雖然是清初編成的，但類似這種為了寫詩而編的字書、韻書，早在宋代就有了。

近體詩是反自然、反直覺、講究工夫的。李白才氣縱橫，他就幾乎不寫近體詩，在近體詩已經流行的時代，他最拿手、最自在的形式還是古詩，甚至寫了很多復古的樂府。白居易是另一位具備高度開創性的詩人，他也反對近體詩，有意識地恢復比較自由的「歌行體」，他最有名、也最成功的兩首作品，一首是〈長恨歌〉，一首是〈琵琶行〉，那樣的形式才能讓他得以揮灑。

而杜甫之所以偉大，就在於他竟然能夠在近體詩的狹小逼仄空間裡，優游恣意地創作。他最擅長的是「七律」，他的律詩中創造出多少橫空而來、不可思議的對仗對句，蔚為奇觀。不過即使在近體詩上有那麼高的成就，杜甫部分最好、最感人的作品，還是必須離開近體詩的嚴格約束，以古詩或歌行的方式來寫成。

06 「為文造情」，具體而微的小宇宙

詩愈寫愈短，而且愈寫愈工整，使得詩的功能、詩的精神有了巨大的翻轉。這樣的詩當然完

全不適合說故事，也很難記錄經驗來歷，甚至無法表達複雜的感情。

如此，詩就離開了「為情造文」的功能——為了抒發情緒，或為了表達道理，或為了述說故事，而去創造一種相應的形式予以配合。例如東漢時的〈孔雀東南飛〉，詩的長篇形制是為了配合苦命女子的哀怨故事而產生的。將她的生命來歷娓娓道來，才能彰顯在婚姻中所受的委屈。故事為什麼要寫成詩？因為詩的內在聲音性好聽、容易記誦，讓人更願意聆聽、同情這個故事，也可以讓這個故事流傳更廣。

可是到了唐代的近體詩，格律如此嚴謹，那就不太可能有什麼感受、經驗、思想，更不要說故事會剛好適合用這樣的形式來表現。於是創作上的程序就必然倒過來，變成是「為文造情」，必須刻意尋找適合這種嚴格形式的內容，才能放得進去。

要找什麼樣的內容呢？逐漸地，近體詩在體裁的規範上也有了相應的內容要求。我們可以用其他文化中屬於短小形制文類的對比，來掌握近體詩的特質。日本的詩歌傳統中，最短小的，是短到只能容納十七個音，而且規定要按照「五—七—五」三段安排的「俳句」。稍微長一點的「短歌」，也只有三十一個音。

這樣的詩怎麼寫？基本上很像蕭邦的《前奏曲》。蕭邦創作《前奏曲》時，這個曲式已經存在了上百年，絕對不是新的，然而在此之前，「前奏曲」就真的是前奏，既然意思是前導，那麼一定有別的曲子跟在後面。巴赫寫的《前奏曲》，有時候後面接著「賦格曲」，有時候更是連上一串不同的舞曲，成為一套「組曲」。

但蕭邦偏偏寫了二十四首《前奏曲》放在一起，每一首前奏後面都沒有其他樂曲。這太奇怪了，甚至太不合道理了！然而，這就成為蕭邦了不起的創造，他告訴你這是個開頭，應該引領出後面的主體，但你只能聽到開頭。或者說蕭邦只負責給你開頭，後面的你可以自己去想像，你必須自己去想像。

俳句或短歌的精神也是如此。短短的內容，才開始就戛然而止，誘引讀詩的人產生好奇，後面應該還要接什麼，還要有什麼變化或發展。但詩人不說了，留下很長的餘韻，給讀者很大的想像空間。

然而中國的近體詩不是獨立的前奏曲，也不是俳句。即便是短到只有二十個字的五言絕句，都要求應該是一個具體而微的完整小宇宙，小而完足。這樣的要求還必須在嚴格的音韻規律中、有限的選字條件下完成。

西方詩學傳統中，在音韻上最嚴格的當屬「商籟體」（Sonnet），或譯作「十四行詩」。雖然大部分商籟體詩都是十四行，但倒過來卻絕對不成立，並不是只要將詩寫成十四行就是商籟體。真正的關鍵在於商籟體的特殊「步韻」要求，包括一行詩總共有幾個音節，重音必須有幾個、放在什麼地方。那麼嚴格要求聲音，在篇幅上至少有十四行，就有比較大的鋪陳、揮灑空間。

07 唐詩多用「興」，一種無端、反敘述傾向

到今天，華人圈任何一座城市，恐怕都找不出十個人能夠寫出完全合律的近體詩。現在大部分的作品都屬於「打油詩」，意思是僅僅湊成了四句或八句的表面格式，但平仄音韻上沒能嚴格遵照規則。近體詩那麼難寫，然而唐代竟然可以有幾萬人具備這樣的能力！

這表示那個時代因應詩的體裁，培養、打造出一種特殊的情感結構，支撐了這樣的文體，也就是前面所說的「為文造情」。如果沒有這種特殊的感情打入那個社會，近體詩不可能那麼受歡迎，得到熱烈的創作和閱讀上的集體擁抱。

這樣的感情結構大致有幾個重點。首先，是對文字的高度重視，甚至高度崇拜。照理說，文字是單純的工具，為了承載意義。用莊子的比喻，文字是抓魚的漁網，意義是要抓的魚，所以應該「得魚忘筌」，抓到了魚就可以將漁網放一邊去。但唐朝人的文字觀就不是這樣。他們認為文字本身是目的而不是手段，具備著高度的美感。讀一首詩同時在做兩件事：一是體會文字意象與聲音所形成的美感秩序，二是閱讀文字所要表達的意義或經驗。這兩者顯然是不對等的，對唐人來說，前者比後者更重要、更根本。詩中可以沒有太多意義或經驗，卻不能不呈現音韻對仗的仔細構成。有音韻、有對仗，詩才能成立。

其次，唐詩要創造的是「尺幅江山」、是微型世界（miniature world），所以就必須講究濃縮的技巧，要把不同的感官感受都寫進去，那樣呈現出來的畫面才會讓人覺得完整。也就是說，一首詩要有視覺、聽覺、觸覺，還要有當下現實與記憶懷想或恆常不變現象之間的對應、堆疊。

第三，這樣的形式不適合敘述，在其美學標準上自然有一種「反敘述」，至少是「非敘述」的傾向。唐代之前的《古詩十九首》中有這樣的詩：

冉冉孤生竹，結根泰山阿。與君為新婚，菟絲附女蘿。
菟絲生有時，夫婦會有宜。千里遠結婚，悠悠隔山陂。
思君令人老，軒車來何遲。傷彼蕙蘭花，含英揚光輝。
過時而不採，將隨秋草萎。君亮執高節，賤妾亦何為！

一枝孤伶伶無所依傍的竹子，長在泰山山腳下。相對於那孤單的竹子，我和你新近結婚了，就像菟絲得以依附在女蘿上。菟絲有生長的季節，夫妻也有應該見面的時刻。但我們兩人相隔很遠，甚至隔著一座山。想念你想到讓我都老了，為什麼載你來的車總是姍姍來遲啊！那些盛開漂亮的蕙蘭花，內蘊和外顯都有光澤，我卻替這樣的花難過，如果在最佳狀況下沒有採摘，時候一過就隨著秋草枯萎了。你有遠大志向和輝煌前程，我除了在這裡傻傻地等，又還能怎麼樣？

柯慶明先生形容這首詩有一份「素美」，因為是用很樸質的方式說話，表現出很直接、也很真誠的情感。「與君為新婚，菟絲附女蘿」、「夫婦會有宜，千里遠結婚」都是平淡直敘的口氣，頂多添加一點很容易理解的比喻。這樣的表達方式必須有一種相對緩慢的步調，一句一句拉開來說，需要多少句就用多少句，才有可能傳達那樣的「素美」。

如果用中國傳統詩學的觀念來解釋，那主要是「賦」，加上一些「比」，如「與君為新婚，菟絲附女蘿」，前句是「賦」，後句是「比」。但「賦」和「比」著重講話要講清楚，就會需要比較多的篇幅。而唐詩要簡省，就必須多運用「興」的手法。

清代李重華在《貞一齋詩說》中講解得很精到：

興之為意，是詩家大半得力處。無端說一件鳥獸草木，不明指天時而天時恍在其中；不顯言地境而地境宛在其中；且不實說人事而人事已隱約流露其中。故有興而詩之神理全具也。

寫詩要靠「興」法。什麼是「興」呢？像是沒有特別理由，沒有什麼鋪陳，就說了一個自然現象，也就是沒有前後因果說明，讓讀者自己去聯想這自然現象和人事、人情間有什麼關係。詩人不必明講、不必解釋，藉由挑起讀者的好奇想像，讓讀者自己補足沒有說的部分。這是一種最為簡省的寫法。

李重華舉了一個《論語》中的例子：「子在川上曰：『逝者如斯夫！不舍晝夜。』」孔子在橋上或岸上，看著流水感嘆地說：「唉呀，時間就像這樣，不分白天黑夜，從不停止地流逝。」

這是「賦」，將感情直接說出來。

而對於時間的感慨，到了唐朝詩人的筆下就成了：「君不見黃河之水天上來，奔流到海不復回。」（李白〈將進酒〉）這就是「無端」去講一件自然的現象，黃河浩蕩的流水轟然、龐然，讓人錯以為是從天上流瀉下來的。後面接的是：「君不見高堂明鏡悲白髮，朝如青絲暮成雪。」用一件人事和前面的自然現象並列起來，沒有多費唇舌解釋「黃河之水」和「高堂白髮」之間有什麼關係，我們自然就能體會到類似「子在川上」那種藉由流水感受時間流逝的傷懷。

08 消解「我」，主客交融的曖昧普遍性

唐詩另一個精神重點，在於它是擴張的（expansive），創造出一種向外而非向內的方向性。唐詩中雖然有詩人，有個人物在那裡，卻不是講自己，不是用詩來描寫、抒發特定的屬於自我的情感。前面所引的「冉冉孤生竹」詩中，說的就是那位思念、等待遠方丈夫的婦人的特定情感。然而唐詩基本上不這麼寫，反而要將源自個人的情感不斷向外推，和似乎不相干的事物產生關係。詩不會停留在個人身上，而製造這種擴張效果最好的助力，就是自然。

唐詩之所以給我們開闊之感，那是因為總有自然穿插其間。而且唐詩中基本上是找不到主詞的。我們知道詩是詩人寫的，卻很難確定詩中描述的就是詩人本身的經驗或體會。最簡單的詩如孟浩然的〈春曉〉：「春眠不覺曉，處處聞啼鳥。夜來風雨聲，花落知多少？」詩中完全沒有「我」，而且最後收在「不知」上，跳出了主觀，寫外於經驗的、無法從風雨的聽覺感官中去看到的眾花之落。

中文古文中原本就很少用「我」，主詞除非絕對必要，慣常會省略。這種文法習慣還保留在受到中國古文影響的日文裡。以前學日文時交上去的造句作業，發回來後就看到老師很盡職地劃掉幾乎我寫的每一個わたし或ぼく。日本人講話和寫字是沒有那麼多「我」的。現代中文相對就有好多「我」，好像沒有用「我」開頭，就不知道該怎麼說、怎麼寫了。

古文中這種省略主詞，或者說文法上不標明主客的做法，在唐詩中發揮得淋漓盡致，從文法上的作用推展到感受上的作用。因為沒有明確的主詞，就使得詩中所寫的具備了曖昧的普遍性。好像說的是我的經驗，卻又因為沒有主詞「我」，而讓詩中的經驗推擴出去，成為大家共同的經驗。例如「姑蘇城外寒山寺，夜半鐘聲到客船」（張繼〈楓橋夜泊〉），那就不只是這個夜晚，我所在的這艘船，停泊在姑蘇城外剛好聽到寒山寺傳來的鐘聲。推擴出去，這是每個離家在外的人，居停在飄搖的船上，深夜裡不意聽到古寺沉鐘，都必定會有的幽幽悽悽之感。

又如孟浩然的〈宿建德江〉，標題上指明的是一個特定的夜晚，停留在一個特定的地方，然而詩的寫法卻消解了這種有「我」的確定之境：

移舟泊煙渚，日暮客愁新。
野曠天低樹，江清月近人。

前面兩句是有故事的，描述在移動之中到達了新的地方停船，而之所以停船是為了要過夜，時間上就是日將要落的當口。看到那樣的黃昏情景，使得本來以為已經習慣行旅的人，突然又生出新的傷感。

接著後面兩句，這個事主似乎消失不見了，只剩下自然景觀——野、天、江、月。這種筆法就是李重華所說的「無端說一件鳥獸草木」。但真的是「無端」嗎？我們再仔細看一下詩中寫景的方式。

四周很開闊，沒有遮障，水平的開放感覺影響了人的垂直意識，以至於似乎錯覺天竟然比樹低。江水非常清澈，月光映在水面上，不只天上有月，水中也有月，月因此和人格外親近。

這不是真正的客觀，必須是經過主觀的改造，才會有「天低樹」、「月近人」的視覺感受，其實那個停泊在煙渚上的事主還在啊！然而詩用這種方式寫，讓我們很容易跳過他，好像自己也看到那樣的特殊景象。這就是唐詩中「主客混同」或「主客交融」的效果。

09 〈鳥鳴澗〉、〈旅夜書懷〉的人與自然

再看這首王維的詩〈鳥鳴澗〉：

人閒桂花落，夜靜春山空。
月出驚山鳥，時鳴春澗中。

一樣只有短短二十字，相較於上一首詩，有人的地方更少了，只有第一句「人閒桂花落」，而且即使在這一句裡，人都是有點牽強的存在，像是硬加進去的。「桂花落」是自然現象啊，花開了、成熟了，到時候自然落下來，跟人有什麼關係？桂花落不落絕對不會管人閒還是不閒。重點是要用「桂花落」來凸顯「人閒」。主觀上的「閒」要有客觀的呼應，怎麼感覺到「閒」？且「閒」到什麼程度呢？「閒」到甚至會注意到桂花落了。一般正常狀態下，花落歸花落，不會在落的當下被人察覺，因而感受到花落的同時，也意識到自己真的好閒啊！

從這個角度看，其實後面的內容就都和「閒」有關。平常我們會聽到聲音、注意到聲音，卻只有閒的時候才會察覺無聲的「夜靜」，靜到什麼程度呢？一下子讓你以為好像春天的整座山都

空無一物，自己身處在虛空中。那種簡直令人屏息的純靜、空無狀態，只有在月亮出來的瞬間，月光驚動了山裡的鳥，傳來鳥在山澗中不時啼叫的聲音。

更細一層看，這裡寫出了複雜的聽覺辯證。月出是無聲的，仍然在「夜靜」的狀態中，在某個微妙的剎時，鳥兒被月色驚動了，開始啼叫。聽見了鳥聲，於是想像鳥是在山中叫的，進而也就聽見了山澗的聲音。但山澗不可能是在這時候才開始有流水之聲吧？這就修正、補充了前面「夜靜」的性質。「夜靜」不是真的完全無聲，毋寧是如同莊子所說的「天籟」，那種大自然規律不變的氣息，讓我們感到如此習慣，以至於「聽而不聞」，在自然中被自然地消解了，只剩下空無的感覺。直到鳥叫，才讓我們恢復聽見了屬於自然規律的山澗聲。

再看杜甫的〈旅夜書懷〉：

> 細草微風岸，危檣獨夜舟。星垂平野闊，月湧大江流。
> 名豈文章著，官應老病休。飄飄何所似？天地一沙鷗。

這首律詩在內容分配上極為規整，第一句是講自然，第二句是講人，第三、第四句組成的頷聯又是自然，第五、第六句組成的頸聯再換成人，第七句問人的處境像什麼，第八句又用自然做比喻來回答。

描寫的情景和孟浩然的詩很類似，即旅人停船在河岸邊的夜晚。孟浩然說「野曠天低樹」，杜甫說「星垂平野闊」，感受的順序倒過來了，因為看到滿天星斗好像都要垂到地上了，所以特別意識到和星空一樣廣闊的田野。孟浩然說「江清月近人」，杜甫說「月湧大江流」，江水滔滔，起伏流動，投映在上面的月光被帶著都變成動態的，彷彿要從江水間踴躍上來。這都是經過主觀改造的景色，卻用如同客觀的筆法寫出。

接下來的內容，就屬於杜甫獨特的風格，在那樣的主客情境刺激下，格外感嘆自身的狀態。和廣闊的自然相比，自己如此渺小且瑣碎，寫了一輩子的文章，連像樣的文名都沒有換到，做官也已經做到了頭，又老又病，還能有什麼發展呢？這樣抱怨之後，忍不住問：如此飄搖的身世與生命，到底像什麼啊？這本來是一個修辭性問題（rhetorical question），不是真的要求答案，而是問題本身就表達了立場，為自己感到悲哀。但接著在最後一句中，杜甫神來一筆，偏偏給了不求答案的問句一個了不起的回答，一下子逆轉了詩的情緒。

我的人生啊，像一隻飛在廣闊平野、湧動月光之上的沙鷗。從孤獨的旅夜開頭，中間感嘆自己一下子老了，還沒能得到所追求的成就，導向帶有悲涼意味的一問：「飄飄何所似？」然而杜甫終結此詩給的答案，不是像蓬草般的飄蕩，而是如鷗鳥般的翺翔，於是「星垂平野闊，月湧大江流」兩句的自然描述，頓時有了不一樣的意義，讓我們察覺、感受到那樣有星有月的景象，都和天空有關，是開闊而不是緊縮的視野，意境與意趣就全然改變了。

這首詩的精彩之處仍然在於沒有絕對的主觀，也沒有絕對的客觀，主客一直不停互動，彼此影響、彼此定義。

10 有意識地呼應別人，詩的集體意義世界

美國漢學家宇文所安（Stephen Owen, 1946-）曾經分析過中國詩裡的月光，不同時代其作用與意義一直在改變。漢詩裡，向外看見月光一定回身想到自己，也往往都是因為自己的心事才會去看月亮。唐詩呢？看月亮不是為了想自己，毋寧是藉由向外看月亮而將自身無法解決的事投射過去，要嘛幫助人分心遺忘，要嘛藉此得到專注想人事時無法得到的開悟，解開原有的糾纏。杜甫的詩裡當月光和沙鷗聯繫起來，就解開了原本的詩意鬱結，是很典型的例子。

到了宋詩，月光又不一樣了，代表著種種神祕作用，具備人無法控制、也無法理解的魔幻力量，象徵著超越人世的某種境域。

再舉一首李頎的詩，來說明唐詩情感結構上的開闊性。詩的標題是〈送陳章甫〉：

陳侯立身何坦蕩，虬鬚虎眉仍大顙。
腹中貯書一萬卷，不肯低頭在草莽。
東門酤酒飲我曹，心輕萬事皆鴻毛。
醉臥不知白日暮，有時空望孤雲高。……

這位陳章甫為人坦蕩，留著大鬍子，眉毛粗，額頭也寬闊。但他絕對不是個大老粗，讀了很多書，有讀書人的見識與修養，而且他胸懷寬廣，對什麼事都不會大驚小怪。用這種方式直敘性情之後，詩連結到和自然有關的句子上。這樣的人過著什麼樣的日子呢？就算白天也會喝醉酒睡著，睡到不知道天黑。至於清醒的時候呢？就無所事事地看著天空中高高的孤雲，那才是他真正認同的對象。

這是一種意境，也是唐人藉由詩表達的一種不現實、不世故的理想。為什麼那麼難的形式，在唐朝有那麼多人創作，還可以寫得那麼好？一個原因是唐人有著適合放在近體詩的架構中去發揮、表達的情感，兩者相配襯。有這樣的文體，隨而「為文造情」，就有了這樣的感情型態。

因而唐詩不是一首一首獨立存在的，它們不只有共同的規律，而且從中生出了許多共同的習套。唐人有意識地將這些套路運用在詩中，這又是之前六朝詩裡沒有的一種現象。要寫詩之前，先要讀很多詩，知道詩是怎麼寫的，更進一步，寫詩的時候腦袋裡經常有別人寫過的某句詩、甚至某首詩，產生了一種對話關係，也許更接近是單向的回應或評論。沒讀過夠多的詩，是無法累積經驗和能力來寫詩的，而既然讀了那麼多詩，自己寫出的作品也就必然有意無意地進入了這些詩所構成的集體意義世界裡。

唐人寫詩出現了「步韻」的做法，那就是將別人寫過的詩拿過來，照抄他用的每一個押韻的字，有時甚至是每一個句尾的字，然後作出一首詩來。這是技術上、也是精神上的模仿。唐代為什麼有那麼多詩人寫了那麼多詩？因為詩與詩之間存在著系統性的互文關係（intertextuality）。

如果讀《全唐詩》而不是讀《唐詩三百首》，就會更清楚：絕大部分的唐詩是在一個彼此呼應的結構底下產生的。不只是規則一樣，不只是句法很像，那是一種有意識地呼應別人的詩、映襯別人的詩——已經存在或尚未存在的詩——的書寫。詩人與詩人之間固然會有競爭關係，但那不是核心，在這形式下默契地共同完成詩的集體，這種精神才是核心。這是我們如果習慣個別、單一地去讀詩，就不容易察覺理解的特性。

詩在那個時代是一種連結文人集團的工具，也是使得這群人得以具備群體意識的重要管道。在唐朝，寫詩的人是一個特殊的群體，他們不斷透過讀別人的詩、學別人的詩、「步韻」別人的詩，到讓別人讀自己的詩，來反覆進行密切的精神交流，這是詩不容忽視的巨大功能。

第六講

重讀唐詩（二）

01 以詩賦取才，寫詩成為向上流動關鍵能力

清康熙年間完成的《全唐詩》，一共收錄了兩千兩百多位詩人所寫的四萬八千多首詩，這麼龐大的文本資料，要如何讀起呢？

首先來了解一下這些數字的意義。那個時代詩人很多。《全唐詩》不是在唐朝剛結束時，一切資料都還齊備、存在的時候編輯的，而是在將近八百年後，顯然很多資料都散佚了，卻還能蒐集到那麼多詩人的作品。另外要考慮到唐代人口中還有很高的文盲比例，去除掉根本不會和文字閱讀有任何關係的大多數人，這個數字就更加驚人了。

為什麼這麼多人寫詩？最簡單的解釋是，因為寫詩和科舉考試有關。唐代「以詩賦取才」，會寫詩的人在考試中容易出人頭地。但再追問一下，為什麼要考寫詩呢？為什麼不是考別的項目、檢驗別的能力，而偏偏重視寫詩的能力？

科舉最早是在隋代設立的。從北方來的楊氏政權滅了南方的陳朝統一天下，然而統一之後掌握大權的隋煬帝卻被南方文化強烈吸引，喜好、羨慕南方的文化。隋煬帝開運河、南巡，不只是要更方便接近南方、體會南方的氣氛，更重要的是，在他心中是將南方視為文化正統的。他會特別意識和注意到南北差異。最大的差異之一，就在於南方詩學發展上領先北方。儘管後來初唐的

一些文人如陳子昂瞧不起南朝侈麗的詩風，才在反對《玉臺新詠》那樣的風格上創建了新的唐詩傳統，不過那樣的東西卻是隋煬帝所喜好、羨慕的。

北方人寫不出這種詩來，以這類詩的標準來看，北方人不會寫詩。尤其關鍵的是，北方世族的家風教育強調的是禮學，他們不會寫這種詩。南方的詩透露出的頹廢、情慾、奢靡，正好對反禮學中的要求，於是詩就呈現為具有高度南方特色、甚至代表南方正統文化的形式。

之所以要建立科舉制度，就是為了擺脫世族對於人才的壟斷，讓朝廷可以在世族子弟之外，找到新的、不同的人才。不同之處就在「詩」。科舉一開始，詩賦就成為考試的項目，有些科要考詩，有些科不考，到後來考詩的就愈來愈重要，不考詩的地位相形下降。

這樣的變化起伏，和六朝的世族政治仍然有關。新時代的朝廷要找的，是和舊世族有同等教養，卻又不會依靠舊世族勢力，而會聽從、服務朝廷的人。如果你能寫詩，詩寫得夠好，那你身上便有了讓北方世族都羨慕的教養，可以和他們平起平坐，卻又顯然不屬於他們，可以得到朝廷的信任。

於是寫詩就成為社會「向上流動」的一項關鍵能力，鼓勵了許多人努力學寫詩，憑靠寫詩來出人頭地。

02 唐詩的活力，來自開放與收束間的拉扯

科舉「進士」科愈來愈重要，由此得到的身分能夠和世家貴族平起平坐，還有一個理由，因為寫詩比寫文章困難。要掌握「明經」科考題，在考試中寫出好答案，所需花費的努力及時間，比不上應「進士」考時所需的詩賦能力。（關於科舉制度，詳見第八講。）

為什麼會這樣？就是因為和考試有關的近體詩發展出愈來愈嚴格、也愈來愈難熟練掌握的要求。近體詩不只是短，而且規定就那麼四句或八句，排除了在考試中有人寫十句、有人寫三百句，因規模不同所帶來的評斷困擾。沒得商量，如果你寫的不是四句、八句，那就根本連被評分的資格都沒有。

如此產生了一個客觀框架。在這框架裡，接著就看應考的人能不能「平仄虛實」，「平仄」指的是聲音上的抑揚頓挫，「虛實」指的是字義上的對仗。這都有規定，而且很容易犯錯，稍有犯錯，或運用得沒那麼熟練，也就立刻被淘汰了。光是掌握這些規律，能夠靈活運用而不犯錯，就需要很長的時間，還需要一定的天分，不是每個人都學得來、學得好的。

設定這樣的門檻，降低了詩賦取士的主觀任意性，也就在社會上製造了連環反應。科舉讓本來沒有機會進入官僚體制，無法向上流動的家庭得到機會，他們就有了高度動機讓子弟進學識

字，畢竟識字是這一切的起點。因此唐代社會的識字率明顯高於之前的六朝。

識字是為了個人及家庭的向上流動，有很明確的目標，所以一定要導向學詩。有那麼多人學詩，進而又對詩的性質產生了影響。在原來的世族集團之外，逐漸形成了一個新的社會階層，以寫不寫詩、會不會寫詩來界定。在這個階層內驗證、肯定集團屬性的方式，當然就是寫詩。因而書信往來要寫詩、慶賀傷悼要寫詩、送別迎遠要寫詩、宴客喝酒要寫詩……，詩的功能擴大了，寫詩的場合變多了，大家練習寫詩的機會也多了，當然寫出來的詩的數量隨之暴增。

在這種集體環境裡，創造出許多可以寫詩、必須寫詩的原因，有很多練習寫詩、觀摩讀詩的機會，也就比較能夠將詩寫好、寫精。沒能進入這種生活型態圈，徘徊在圈子外圍的，不管自己多麼努力，都很難將詩寫好，更難讓自己的詩得到注意與評價。

詩原本是從六朝貴族文化中來的。六朝詩人的身分很單純，他們的出身都差不多，都是世家貴族。六朝詩中陶淵明有特殊的地位，一部分就在於他的身分和謝靈運那些人都不一樣。他不求官，不經營莊園，真正住在農家間，這都不是世家身分的其他詩人所擁有的經驗。

唐代在這方面相對就駁雜得多了。因為是科舉必考，於是許多不具備世家貴族身分的人都來學寫詩，詩人的社會成分就變得多元了。而且透過這種詩人集團的相互影響，使得詩所承載的內容更向社會開放。這樣的詩人當然就不可能繼續寫《玉臺新詠》那種宮體詩，那種因為生命經驗封閉有限，所產生的華麗浮誇的美學標準也就必然遭到揚棄。詩所反映的經驗多元化了，詩的語言也隨之多元化。

在這裡就產生了一個矛盾：一方面詩的領域不斷擴張、不斷多元化，但另一方面產生擴張、多元化的動力又來自科舉，必須在考試所需的嚴格規律中進行詩的創作。一邊是開放伸展的，一邊是收束限制的，中間便有了強烈的緊張。這份緊張也就刺激並誕生了唐詩最大的活力。

03 初唐的詩史意義：近體詩形式確立

理解了《全唐詩》數字的意義，再回來討論：數量龐大的唐詩要怎麼讀？一個平庸的答案，似乎仍然是最好的答案，那就是——從最好的讀起，從李白、杜甫這樣第一流的詩人詩作讀起。不只是由文學欣賞的角度，由歷史的認識與理解角度看，也應該自李白、杜甫講起。以李白、杜甫為唐詩的核心，能夠幫助我們整理唐詩的系譜，對於唐詩的來歷與變化，可以發揮彰顯與歸位的作用。

先說李白。今天留下來的《李太白全集》收錄了一千多首詩，其中只有一百多首，也就是大約一成是近體詩。李白一生主要的詩作，並不是唐代流行的絕句、律詩。這樣的現象，一部分源自他的個性與風格，另一部分則和他所處的時代有關。

李白出生於西元七〇一年，也就是盛唐正要開展之際。他是位天才型的創作者，很早就嶄露頭角，所以他開始寫詩時，近體詩還很新鮮。從李白身上我們看到的是他和初唐的連結。在詩史上，初唐最重要的意義就在於近體詩形式的確立。

一般說到初唐文壇，習慣上會提到「初唐四傑」——王勃、楊炯、盧照鄰、駱賓王。不過除了這四人之外，我們還應該認識沈佺期、宋之問和上官儀。這幾個人專精於格律，在訂定形式上影響最大。

上官儀整理過「六對」、「八對」，在初唐時將對仗規則固定下來。「六對」指的是「正名對」、「同類對」、「連珠對」、「雙聲對」、「疊韻對」和「雙擬對」。

「天」對「地」，「日」對「星」，這是最簡單也最基本的「正名對」。進階一點的，是「花葉」對「草芽」，這是「同類對」。模擬風聲的「赫赫」對上模擬葉落聲音的「蕭蕭」，這是「連珠對」，而且風吹和葉落又有意義上的因果關係。「綠柳」對「黃淮」，前面兩個字都是ㄌ音，後面兩個字都是ㄏ音，這是「雙聲對」，也就是有著同樣聲母的意思。而有著同樣韻母的，像「放曠」對「徬徨」，那就是「疊韻對」。還有「春樹春花」對「夏荷夏夜」，兩個春字對上兩個夏字，那就是「雙擬對」。

「六對」之外另有「八對」，其中有些是重複的，不同的有「異類對」、「回文對」和「隔句對」。「風織池間字」，風吹過池水，水上波紋像是寫字般，對上「蟲穿葉上文」，蟲穿過草葉之間，像是筆在紙上寫文章似的，這是「異類對」。「情新因意得」，因為心意相同，所以感情就不會變老，對上「意得遂情新」，同樣的字詞繞回來形成對子，叫做「回文對」。還有「相思復相憶，夜夜淚霑衣」，這兩句並沒有對仗，但接下去兩句「空嘆復空泣，朝朝君未歸」，則「相思復相憶」和「空嘆復空泣」就對上了，「夜夜淚霑衣」也對上「朝朝君未歸」，這叫做「隔句對」。

如此形成了正式的對仗規律，同時開啟了將對仗分類、進一步探索各種對仗方式的風氣，使得詩中的對仗愈來愈講究、愈來愈複雜。宋之問和沈佺期則是在聲音方面做了同樣的整理歸類，使得詩中的平仄分布也愈來愈講究、愈來愈複雜。

04 從王梵志和王績，看初唐詩的純樸與離俗

從作品看，初唐特別值得一提的詩人是王梵志。《桂苑叢談》中記錄他是衛州黎陽人。隋朝時，黎陽城東十五里有一個叫王德祖的人，家中有一棵蘋果樹，樹上生了一個樹瘤，大如斗，過了三年瘤朽壞了，王德祖將樹瘤的皮剝開，裡面竟然有一個嬰孩！他將嬰兒抱出來，養到七歲才會說話，開口說的第一句話是問王德祖：「誰養我？」「是我養你的，我叫王德祖。」這個孩子

就跟著他姓王，因為是從樹裡生出來的，不是一般人，原本取名叫梵天，後來改為梵志。

這當然是神話。不過會有這種神話留下來，說明他在那個時代是有影響力的。後來近體詩流行起來，文人寫的詩有了固定的美學標準，王梵志的詩就不受重視了，一直到胡適寫《白話文學史》才特別鉤沉介紹他。

先看他的這首詩：

吾有十畝田，種在南山坡。青松四五樹，綠豆兩三窠。
熱即池中浴，涼便岸上歌。遨遊自取足，誰能奈我何？

這是非常純樸、白話的作品，基本上按照近體詩的規則寫，但完全沒有文人氣，對仗都很粗淺，像是出自初學者之筆。真正重要的，是詩中徹底擺脫了六朝宮體詩的所有習氣，用很不一樣的語言來寫詩。另外也將詩運用在很不一樣的表達上，呈現出一種近乎無賴、以「反道理」的姿態說道理。

再看這一首：

世無百年人，強作千年調。
打鐵作門限，鬼見拍手笑。

「誰能奈我何」是質疑、反抗的調子，「世無百年人，強作千年調」也是。直接點破那些說大道理或恆久道理的人，豈不就像是以為可以用鐵打的門將死亡擋在門外同樣可笑嗎？人生不過就那麼長的時間，別裝作自己能超越這有限的時間去理解永恆。

王梵志代表了初唐詩的發展，詩可以容納不同的人、用不同的語言來表達不同的觀念，擴張了詩的領域。

同為這項發展代表的，還有王績。他不是樹上生的，卻像是活在酒桶裡。他出身於一個下級世族家庭，隋代時曾短暫為官，因為嗜酒被辭退了。隋末大亂回到家鄉隱居，到唐高祖武德初年，在門下省做個小官。弟弟問他官當得如何，大概覺得他難以適應官場環境吧，沒想到王績的回答是：「這個職位每天可以領良酒三升，不錯不錯！」後來升了官，增加到一天一斗酒，那就更加不錯了，人家稱他為「斗酒學士」。

太宗即位之後，王績又不想當官了，便回到家裡待著，但後來窮不過，只好再找工作。當時朝廷有「太樂」，就是專門負責管理音樂的，王績聽說太樂署史焦革很會釀酒，就千方百計想進那個衙門。請託了半天，終於讓他進去做個助手，他高興得不得了。然而上任後沒多久，焦革就死了，王績大受打擊。還好焦革的遺孀袁氏同情他，仍然將焦革釀的酒給他喝。再過一陣子，袁氏竟也死了，王績大嘆：「天不許我喝好酒！」就回家再也不入朝了。

王績除了寫詩之外，還留下一部《酒經》，裡面就記錄了焦革釀酒的方法。另外還有一部《酒譜》，將他所知道過去愛喝酒、會喝酒的人列出一個系譜。他還會到處立杜康廟，去拜中國最有名的這位酒神。他有一篇文章叫〈醉鄉記〉，那等於是對他心中理想世界的描述。

他的詩當然少不了講酒的：

阮籍醒時少，陶潛醉日多。百年何足度，乘興且長歌。（〈醉後〉）

此日長昏飲，非關養性靈。眼看人盡醉，何忍獨為醒。（〈過酒家五首・其二〉）

浮生知幾日，無狀逐空名。不如多釀酒，時向竹林傾。（〈獨酌〉）

他從系譜裡找了兩個人，都是寫詩又愛喝酒的。阮籍曾經大醉八十三天，說他「醒時少」不算誇張；陶淵明詩中有很多說自己醉的，的確是「醉日多」。人生就只有短短不到百年，趁著高興就唱歌吧！另一首，他給了一個有趣的翻案說法，為什麼要喝那麼多酒，喝到經常渾渾噩噩的？實在是因為世人都醉了啊，不忍心只有自己神智清醒。再一首，他說如果不是都醉了，怎麼會明明活著不過就那麼些時間，卻莫名其妙地去追求浮泛的名聲，這不是清醒的人會做的吧？追求「空名」多麼無聊、無妄啊，與其那樣，還不如將時間和精力花在多釀一些酒，就算自己喝不完拿去倒在竹林裡，都比較有意思吧！

王績的影響也很大，他有效地用詩來表達了一種離俗、縱樂的態度。正因為詩的形制短小，所以不能也不應該用來表達一般的、正常的、平凡的經驗或情感。放進詩裡的內容應該是離俗的、不凡的。

05 王維詩中的「獨」和「靜」

有一個詩人明確受到王績的影響，就是王維。王維最好的詩幾乎都是五言的，很少有七言的，而且詩中傳遞的訊息和王績一樣，都是關於人如何離開現實，或是與現實保持距離。

看王維的詩〈終南別業〉：

> 中歲頗好道，晚家南山陲。興來每獨往，勝事空自知。
> 行到水窮處，坐看雲起時。偶然值林叟，談笑無還期。

中年以後喜歡修道、學道，所以搬到南山邊居住，當有什麼樣的想法或什麼樣的感覺，就一個人到山裡去。重要的是這句「勝事空自知」，通常讀這首詩的人很少會將這句話認真看待，因為後面的句子更廣為人知。

「勝事空自知」意思是說，當我一個人的時候，碰到好多了不起的事，但是只有我一個人知道。接著是大家最熟悉的那兩句「行到水窮處，坐看雲起時」，這是王維在解釋他遇到什麼「勝事」。就是走到水泉源頭，坐在那裡看著，就在那個時候，山後頭或山上，雲浮現起來。

這不是我們一般人認為的了不起的事。但對他來說，從他的心境獨特標準，這多麼了不起！只有他知道，只有他能體會，就算想跟別人說，人家也不理解，所以是「空自知」。

這首詩最了不起的地方在於呈現了什麼是「獨處」，因為獨處，你才有「勝事空自知」的那種境界。

重點是你自己選擇了，或者你自己有一個標準，決定在你的經驗裡什麼是「勝事」，什麼事情是重要的，什麼事情是了不起的。這些東西甚至不可能去告訴別人，或者換另一個角度看，才值得告訴別人。

結聯的「偶然值林叟，談笑無還期」是說，正因為你有這樣一種經過獨處而來的、自己認為了不起的事物標準，你這人才足夠豐富、足夠有資源，才能夠去跟人講話，跟人家說我看到了什麼、體會了什麼，才能滔滔不絕地講，才會跟一個林叟講到「談笑無還期」，忘記要回家了。

再看這首〈鹿柴〉：

> 空山不見人，但聞人語響。
> 返景入深林，復照青苔上。

這首詩選擇了很奇特的觀點來寫山景，不是寫人如何進入山中、如何體會山，而是相反地，著重表現人如何離開、如何消失，人消失了，讓大自然現形。

另外如〈辛夷塢〉：

木末芙蓉花，山中發紅萼。
澗戶寂無人，紛紛開且落。

或〈鳥鳴澗〉：

人閒桂花落，夜靜春山空。
月出驚山鳥，時鳴春澗中。

描寫的都是人如何在大自然中失去了人的意識，身在那裡，作為人的自我意識卻消失了，於是才能去體會「無人之境」的美與樂趣。短短的詩要顯露並善於呈現的就是這份弔詭，「不見人」、「寂無人」的自然多麼美好。

王維有一篇很有名的文章，是用書信體寫成的〈山中與裴迪秀才書〉：

夜登華子岡，輞水淪漣，與月上下。寒山遠火，明滅林外。深巷寒犬，吠聲如豹。村墟夜舂，復與疏鐘相間。此時獨坐，僮僕靜默。多思曩昔，攜手賦詩，步仄徑，臨清流也。當待春中，草木蔓發，春山可望，輕鰷出水，白鷗矯翼，露濕青皋，麥隴朝雊，斯之不遠，倘能從我遊乎？……

文中設定的，仍然是和人間有相當距離的情境，「獨」和「靜」是必要的條件，然後才能恣意地叫喚出過去的記憶。記憶之所以美好，因為都是自然，兩個人由純粹的自然包圍著，是最適合「賦詩」的，相伴處於這種狀態，也就代表了友誼的最高階段。

還有這首〈酬張少府〉：

晚年惟好靜，萬事不關心。自顧無長策，空知返舊林。
松風吹解帶，山月照彈琴。君問窮通理，漁歌入浦深。

這首詩的重點仍然在「靜」，能夠靜，靠的就是不再理會人間事務，老了就看清楚了，自己對處理人間事務實在沒什麼特別本事，那就返回到自然之間吧。不要再問我什麼高深的道理，我能感知的、我有興趣的，頂多就是傳到水浦深處的素樸漁歌而已。

從王績到王維，再到孟浩然，形成了盛唐詩早期的一種重要風格——詩帶人離開瑣碎凡俗的人間，去體會自然，將自己解放在自然中。

06 可以隱退似王維，亦可雄放如李白

孟浩然和王維很接近，他的年紀比王維、李白大一些。孟浩然的詩裡也有很多山林的描述，表現了自然的美好誘惑，不過比起王維，他多了一些人間煙火，主要來自「恃才不得意」的怨氣。這種成分也有代表性，畢竟寫詩的能力和科考做官有那麼密切的關係，也怪不得會寫詩、能寫詩的人容易生出懷才不遇的感慨。

看孟浩然的〈留別王維〉：

寂寂竟何待？朝朝空自歸。欲尋芳草去，惜與故人違。
當路誰相假？知音世所稀。只應守寂寞，還掩故園扉。

他將王維視為知己，並對王維抱怨，這樣的一個時代，認識我們、了解我們的人太少了。詩的最後雖然把門關了，但那是不情願的，還在期待著有人來敲門，等不到時才無奈地說；唉，連好朋友都不在了。

盛唐詩最特殊之處，就在於樹立了一種和世俗生活保持距離的精神。要和世俗保持距離，可

以像王維那樣隱退，也可以像李白那樣雄放。李白也寫大自然，藉由大自然來對比人世，但他的大自然完全不同於王維所寫、所感的，而是如「君不見黃河之水天上來，奔流到海不復回」，或是像這首〈蜀道難〉：

噫吁嚱，危乎高哉！蜀道之難，難於上青天！
蠶叢及魚鳧，開國何茫然！
爾來四萬八千歲，不與秦塞通人煙。
西當太白有鳥道，可以橫絕峨眉巔。
地崩山摧壯士死，然後天梯石棧相鉤連。……

這當然不是閒適的自然，而是令人驚嘆、甚至驚恐的自然。因為自然令人害怕的規模，將人拉出了小尺度、小眼光的世俗，在自然之前感受到人類的渺小。

王維要進入自然中，消解人、消解自我；李白卻是在面對自然時使人似乎愈變愈小，卻不會消失，會一直感受到那份震撼、威脅與壓服。自然如此雄偉，必須在山崩地裂的巨大力量下犧牲多少人，才終於建起勉強能通過的天梯石棧。而且不只是人過不去，就連鳥和猿猴都望而卻步。詩接著說：

上有六龍回日之高標，下有衝波逆折之回川。
黃鶴之飛尚不得過，猿猱欲度愁攀援。
青泥何盤盤，百步九折縈巖巒。
捫參歷井仰脅息，以手撫膺坐長嘆。
問君西遊何時還？畏途巉巖不可攀。
但見悲鳥號古木，雄飛雌從繞林間。
又聞子規啼夜月，愁空山。
蜀道之難，難於上青天，使人聽此凋朱顏。……

山太高了，黃鶴飛不過去，且都是石頭，猿猴也找不到可以攀抓的地方，那麼能力遠不及黃鶴和猿猴的人，就只能坐下來長聲嘆息了。杜鵑鳥晚上啼叫的聲音淒厲，更添哀愁，足可以使人聽了就變老，感覺自己入不了蜀。而且就算西行真的入了蜀，大概也就一輩子都沒辦法再出來了。詩繼續說：

連峰去天不盈尺，枯松倒掛倚絕壁。
飛湍瀑流爭喧豗，砯崖轉石萬壑雷。
其險也如此，嗟爾遠道之人胡為乎來哉。

劍閣崢嶸而崔嵬。一夫當關，萬夫莫開。
所守或匪親，化為狼與豺。
朝避猛虎，夕避長蛇。磨牙吮血，殺人如麻。
錦城雖雲樂，不如早還家。
蜀道之難，難於上青天。側身西望長咨嗟！

像是走到天上那麼高的地方，環顧看到的都是險象，聽到的是不可思議的恐怖聲響。這麼可怕的經驗，無法理解幹嘛遠道來此？到了劍閣又是另一種艱險，出現會吃人的猛獸、長蛇，被殺被吃的人多到算不清了。雖然說以出產蜀錦聞名的成都是個好所在，但真的值得走這麼一趟嗎？不如早早回家吧，蜀道就是這麼難啊！

07 盛唐詩中的自然：重字韻味和異國情調

這是李白的雄放，這是李白的自然。李白才氣那麼高，能寫別人連想都想不出的題材，誇大渲染到這種程度。然而留下的故事裡，說他特別佩服一個人：李白到了黃鶴樓，看到上面有崔顥的詩，李白自認不如，就不另外再寫黃鶴樓詩了。

崔顥寫了一首什麼樣的詩，為什麼李白如此讚嘆喜歡？我們來看這首〈黃鶴樓〉：

昔人已乘黃鶴去，此地空餘黃鶴樓。黃鶴一去不復返，白雲千載空悠悠。
晴川歷歷漢陽樹，芳草萋萋鸚鵡洲。日暮鄉關何處是，煙波江上使人愁。

這是一首七言律詩，但從格律上看，是有問題的詩。律詩的中間兩聯必須嚴格對仗，而且兩聯必須講不同的內容，但我們看崔顥寫的：「黃鶴」對「白雲」沒問題，但「一去」對「千載」就不太對勁，「去」是動詞，「載」在這裡指的是「年」，是個名詞。好吧，勉強接受從字面上對仗了，但再下來就怎麼也說不過去了。「空悠悠」明明有疊字，怎麼可以和「不復返」對仗呢？頸聯的「歷歷」不是規規矩矩對了「萋萋」嗎，為什麼這裡的疊字沒有對疊字？

還有，前面三句中連續出現了三次「黃鶴」。近體詩篇幅短小，特別講究不能「重字」。總共不過五十六個字的詩，如果都沒辦法不重複，找不到不一樣的字詞來表達，哪裡算有能力運用中文來寫詩呢？如果出現重字，那就是破例，應該有特別的理由，為了製造特殊的效果。最常見的一種效果是「頂真」，故意讓前一句的最後一字或最後一詞，在後一句的開頭重複，如此製造出連環接續的聲音效果，也讓前後句緊密相連。但崔顥的三次「黃鶴」，也沒有這樣的道理。

這正就表現了崔顥、李白的這個時期，雖然進入盛唐，但初唐風習未遠；另外，也表現了李白就是個不願受格律拘束的人。他之所以欣賞崔顥，就在於崔顥敢用打破格律的方式，瀟灑自在地、像是不經意地在黃鶴樓頭題詩。

李白寫過一首〈峨眉山月歌送蜀僧晏入中京〉：

我在巴東三峽時，西看明月憶峨眉。月出峨眉照滄海，與人萬里長相隨。
黃鶴樓前月華白，此中忽見峨眉客。峨眉山月還送君，風吹西到長安陌。
長安大道橫九天，峨眉山月照秦川。黃金獅子乘高座，白玉麈尾談重玄。
我似浮雲殢吳越，君逢聖主遊丹闕。一振高名滿帝都，歸時還弄峨眉月。

這首詩一共十六句，其中竟然出現了六次「峨眉」，還出現了六次「月」字。整首詩就是環繞著「峨眉」和「月」建構起來的，非但完全不避忌「重字」，還刻意強調重複，創造出一種詩的韻味。

和李白同時代的，還有高適、岑參、王昌齡、王之渙等人。這些人的詩作中有另一種離開瑣碎世俗的方式，就是放入大量的 Exotic Experience，從邊境經驗而來的、近似異國情調的內容。例如岑參的名詩〈走馬川行奉送封大夫出師西征〉：

君不見走馬川行雪海邊，平沙莽莽黃入天。
輪臺九月風夜吼，一川碎石大如斗，隨風滿地石亂走。
匈奴草黃馬正肥，金山西見煙塵飛，漢家大將西出師。
將軍金甲夜不脫，半夜軍行戈相撥，風頭如刀面如割。
馬毛帶雪汗氣蒸，五花連錢旋作冰，幕中草檄硯水凝。
虜騎聞之應膽懾，料知短兵不敢接，車師西門佇獻捷。

這首詩類似李白描寫自然的風格，不過詩中添加了軍事征戰的元素，於是對於自然的恐怖威脅之感，被緊張地準備接戰的情緒放大了。雖然才九月，接近邊塞的輪臺已經很冷了，河川中看到的不是一般的水流，而是碩大的巨石累累，更誇張、更恐怖的是邊境的風，先是將黃沙狂吹上天，還能讓石頭滿地亂走。這種風颳在人身上還得了，臉皮都要被割去一般。而且氣溫很低，雪花轉啊轉啊，剛落下來就變成了冰。在營帳中寫討伐敵人的文書，硯臺裡的水轉眼就凝結了。連結到漢家大將敢在這種條件下帶兵出征，氣魄就夠可以嚇走敵人、獲得勝利了吧！

08 地理和社會的流動，豐富了唐詩內容

李白應該是西元七〇一年出生，七六二年去世。說「應該」，是因為對於他的身世考據，還有很多不確定之處。他的來歷有不同的說法，從史料上看，最有可能的是他們家原本是隴西人，但在他父親那一代從隴西竄走到西域，然後又從西域轉到四川。李白的出生地可能是西域，也有可能是四川。他十幾歲就離家浪遊，走過了很多地方。

唐詩寫入了許多過去沒有的內容，因為一方面有像高適、岑參這樣的人，從中原被派到北方或西域打仗，看到、感受到邊境的異質風景，也在軍事行動中取得了特殊的感官體驗；另一方面，也有像李白這樣，從邊遠的地方進入中原，帶來他成長經驗中不同的記憶，乃至體會這個世界不同的方法。

唐代相對是一個人口流動的時代，不論是地理上的水平流動，還是社會地位上的垂直流動，都比以往來得活躍。帝國的形成提供了比較安全的大範圍交通條件，讓人能夠在有限的時間內移動到較遠的地方去，更重要的是，降低了行旅風險，給人願意到遠方去的動機。

另外，門第被打破了，社會階層有了上下變化，不管是貴族沒落或寒門得意，都會帶來強烈的刺激，引發新觀點、新情感，也就會在詩中尋找發洩表達的管道，使得詩更豐富、更多元。

地理和社會流動的交集點，是官場上開始出現「本籍迴避」的慣例，盡量不讓人在本籍地當官。本籍地有很多親故舊識，有原來世族長期建立的盤根錯節關係，在這裡當官太方便了，也就不容易真的做事。所以官場上新建立的價值系統，就傾向於不只是不讓你在自己家鄉當官，如果你的官做得好，就讓你到京師、留在京師；反過來，如果你犯錯出了問題，就將你換地方，原則上愈來愈遠離京師，也要愈來愈遠離你的家鄉。如此，對原本的世族勢力也有裁抑作用，對朝廷是有利的。

因而當官的士人流動率很高，一輩子待過很多地方，其中一定有一些和自己的成長環境很不一樣的，也就豐富了他們可以放進詩中的經驗。唐代詩人中，賀知章算是官運最好的一位，然而也正是他寫了最有名的〈回鄉偶書〉中的兩句：「兒童相見不相識，笑問客從何處來。」離鄉久了，回去都沒人認識了。

李白總結了初唐和盛唐早期的詩。他能寫王維、孟浩然他們那種山林詩，例如〈山中問答〉：

> 問余何意棲碧山，笑而不答心自閒。
> 桃花流水窅然去，別有天地非人間。

有人問我為什麼住到碧山裡，我笑而不答，因為這不干別人的事啊，如果回答這種問題，那就無聊，就沒那麼閒適自在了。其實這問題的答案就在後面兩句裡。碧山的環境只有自然的落花流水，與人無關，選擇碧山就是為了這種「非人間」的特性，那我又幹嘛向人解釋碧山有什麼好的呢？

李白也能寫像高適、岑參那樣充滿異國情調的壯美之詩，他還擅長王績那樣的飲酒詩。另外，他的詩中還有源自獨特的求道求仙思想所產生的奇幻想像情景，以及睥睨世俗的豁達瀟灑。

09 李白和杜甫：一個享受詩，一個為詩奉獻

杜甫比李白小十一歲，他是西元七一二年出生，七七〇年去世。雖然只有十一歲的差距，但放進唐朝歷史中來理解，卻可以看出極大的差異。關鍵就在西元七五五年爆發的「安史之亂」。那年對王維、李白來說，都已經過了創作的高峰期，雖然他們的生活必然在大時代中動盪，卻對他們的詩風與詩作沒有那麼大的影響。

亂後六年，王維去世；再一年，李白也辭世了。他們都沒有看到亂平之日，沒有體會到被這場戰亂徹底改變後的那個社會。杜甫不只晚生、晚死，而且在詩的創作上他又晚熟，因而戰亂直

接衝擊了他的創作，逼著他重新思考如何寫詩，如何以詩的形式反映這前所未見、甚至完全不在原本想像範圍內的劇變。

在唐代社會中，李白是一個從邊陲蹦出來的野人，沒有什麼來歷，同時也就沒有什麼包袱，因此他才會如此投入於求道求仙。杜甫不一樣，他有著明確的世族背景，祖父是杜審言，家世可以上溯到魏晉時的經史大家、注《左傳》的杜預。杜甫曾自嘲是「腐儒」，那是過氣了、沒落了的襄陽杜家餘緒。

家世加上經歷，使得杜甫寫出了和李白很不一樣的詩，或者該說，使得杜甫無法寫像李白那樣的詩。杜甫很佩服李白，態度上近乎崇拜，曾寫過十幾首和李白有關的詩。相對地，李白作品中和杜甫有關的就少得多了。最有名的一首是〈戲贈杜甫〉，裡面有兩句：「借問別來太瘦生，總為從前作詩苦。」說你老是那麼瘦，就因為寫詩寫得太辛苦了啊！

話中對比，李白自己恣意縱橫，杯酒千句，愛怎麼寫就怎麼寫，連詩律規範都不信、不守了，杜甫卻是為了詩吃不下飯，認真思索、左右推敲。一個享受詩，一個為詩奉獻。雖然杜甫恨不得自己也能像李白一樣，但性情、風格就是不同，也因此在他手中得以開創出唐詩的另一座絕頂高峰。

「太瘦生」的杜甫活得很辛苦，他自言「少小多病，貧窮好學」（〈進封西嶽賦表〉）。稍長後去長安，考試沒有考取，轉而到山東、山西、河南一帶遊歷，在這段時間遇見了李白、高適。在這些當代大詩人面前，他深覺自己缺乏寫詩的天分，沒辦法將詩寫好。李白是大才，高適也是帶有傳奇性的創作者，他很晚才開始用心寫詩，但一寫就寫出了一連串人人傳頌的作品，可見他也有很高的天分，不是靠琢磨苦練來寫詩的。

李白、高適寫詩的風格是天成的，是學不來的。可憐的杜甫在他們的陰影下，既無功名，也得不到詩名，一度到了東邊，混跡齊趙之間。三十四、五歲時又回到長安，客居長安十年後，「安史之亂」爆發了。在戰亂中他的小兒子活活餓死，給他留下了照顧不了家庭、愧疚又悔恨的深深創傷。

世家的背景使得他無法像李白那樣不在乎、不重視家庭，讓兒子餓死對他是極大的恥辱。大部分的人在這種狀況下就無法寫詩了吧，但杜甫反而在詩中找到了能夠紓解悲哀痛苦的慰藉，因而他就將這些詩中原本沒有的內容，將前人不覺得可以入詩的內容，都寫進了詩裡。

能有這樣的突破，也是因為年輕時杜甫已經將詩的體例規範所需要的技術都反覆練習、培養好了，即便是最痛苦、最荒蕪、最激動、最深刻感慨的場景都難不倒他。於是原本短小拘束的詩，在杜甫手中竟能夠寫戰亂、寫社會、發牢騷、發議論。

像是他的〈羌村三首．其一〉：

崢嶸赤雲西，日腳下平地。柴門鳥雀噪，歸客千里至。
妻孥怪我在，驚定還拭淚。世亂遭飄蕩，生還偶然遂。
鄰人滿牆頭，感嘆亦歔欷。夜闌更秉燭，相對如夢寐。

前面先講自然，西邊崢嶸山景的上方有紅色的雲，那是日落黃昏時。這裡故意用最平俗的語言形容「日腳下平地」。很平常的一個黃昏，一扇平常的柴門前，鳥雀叫了起來，因為有人來了。來的是誰呢？是遠從千里之外回來的我。這是件多麼不尋常的事！妻兒看到我的第一個反應，甚至不是高興，而是「怪」，嚇了一跳！分別太久了，以至於根本不覺得這個人還活著，不相信還有可能再見面。「驚」魂甫定後，終於相信這是事實，才又感動、又慶幸、又想念地流下淚來。

從這樣的親身經歷，體悟了這是什麼樣的時代！飄蕩無家，死在外面成了常態，能夠活著回到家裡，反而是偶然難得的。的確難得，不只妻兒沒有預期，鄰居也都當成了奇觀，忍不住好奇來看，在牆外站滿了。到了夜裡，點起蠟燭來，在燭光搖曳掩映下，原本確認的事實似乎又沒那麼牢靠了，和妻子兩個人相對，恍惚覺得這是在夢中吧！

10 中唐社會詩：老嫗能解，為民為事而寫

唐詩到了杜甫，有了不同轉折。前面的方向是將人從日常生活裡拉出來，現在卻證明了詩可

以生活，不卑下、不瑣碎、不庸俗，可以捕捉、反映生活中的深刻感人之處。杜甫開拓了好幾條詩的新道路。

杜甫寫〈兵車行〉、寫〈聞官軍收河南河北〉等，是基於自己在戰亂中的經驗；到了張籍，就將這樣的生活感懷予以擴大。張籍也寫戰亂，也寫悲涼，但他常常刻意離開自我身分，轉換成想像的女性角度。他的名詩如〈節婦吟〉，是唐詩中對於女性感情最細密的傳達，寫一個受到愛情衝擊、站在婚外情邊界上的女人，她的情懷和她的選擇：

君知妾有夫，贈妾雙明珠。
感君纏綿意，繫在紅羅襦。
妾家高樓連苑起，良人執戟明光裡。
知君用心如日月，事夫誓擬同生死。
還君明珠雙淚垂，何（或作「恨」）不相逢未嫁時？

詩從「明珠」開始，也結束在「明珠」。收到這麼貴重的禮物，確認了對方的情意，自己也動心了，但接著就有了一連串的掙扎，考慮自家背景、丈夫工作與社會地位，最終讓她不得不做出「還珠」的決定，畢竟是必須對得起自己的婚約誓言。艱難地拒絕了對方，心中卻還是憾恨著，如果早點相逢、相識，就不會是這樣的結果了。

另外還有〈別離曲〉、〈離婦〉等作，都奇特地超越了男性作者的本位，細膩公平地捕捉了那個社會中女性的辛酸與痛苦。

張籍之後，就到了元稹和白居易。杜甫寫出了完全不同於李白他們那個時代的詩作，但他主觀上從來沒有要超越李白、取代李白那一輩的意識。到了元、白，他們繼承了杜甫開啟的這種新詩風，發起和前代劃清界線的一個運動。同時他們也承接了張籍那樣的精神，認為詩要寫的、能寫的，不只是詩人自身的感受情懷，還應該包納他人的痛苦，為他人發言、表達。

元稹、白居易所代表的中唐「社會詩」，是自覺地要改變詩和詩人的定義。最具代表性的文獻，是白居易寫給元稹的信〈與元九書〉，信的內容就是在討論文學究竟是什麼，文學究竟要做什麼？

一開頭說：

> 夫文，尚矣，三才各有文。……聖人感人心而天下和平。感人心者，莫先乎情，莫始乎言，莫切乎聲，莫深乎義。詩者，根情，苗言，華聲，實義。

詩是像植物般，以感情為根，以語言為苗，以聲音為花，以意義為果，完全依循著能夠觸動人心的基本法則。基於此，白居易接著檢討了唐興兩百年間詩的狀況。詩人很多，多到數不清，而最厲害的是李白和杜甫。李白是奇才，寫的詩沒有人趕得上，但是若以詩的根本原理來評斷，李白作品中真正有意義的不到十分之一。在這點上，杜甫就不一樣，他的詩不是遊戲，不為華麗好看，而是真正能完整發揮「情」、「言」、「聲」、「義」各自作用的，杜甫的詩「可傳者千餘首」。

這是很明顯的「抑李揚杜」，表現出他們的根本價值信念。詩是嚴肅的，而且詩要有目的、有作用，不要再學李白那樣率性寫詩，依憑天分才氣、也外露天分才氣來寫詩，而是應該像杜甫那樣，為君、為民、為物、為事而寫詩。元稹和白居易寫了大量的作品來示範、宣揚這種詩要為群體、為社會服務的理念。

詩要能以其意義感動人、感化社會，進而改變社會，因而詩的題材和體裁也必須改變。詩是工具，要影響讀詩的人，所以詩要盡量讓最多的人讀得懂，可以由此受影響。這項主張其實是違背杜甫的美學信念的，杜甫很在意詩的格律，也很擅長創造內蘊深藏的對仗或特殊的聲音效果。元、白的詩，以杜甫的標準來看，是很隨便、很草率的。不是他們沒有能力細緻琢磨，而是他們故意要寫得「老嫗能解」。他們用這種方式改革詩，再以新風格的詩來進行社會改革，這是中唐詩的一大潮流。

11 奇僻、費解、苦吟，中唐詩另一特色

在元、白之外，中唐詩出現了另一個不同方向的發展。詩寫成「老嫗能解」，必然就失去了詩用來區別身分的作用，於是有了相反的、特意強調詩的藝術性的、尤其是凸顯詩的難解難懂性質的作者與作品。

這項發展的前驅者是李賀，在他短短二十六年的生命中，絕大部分的時間花在騎著馬、帶著僮僕到處走，一邊走一邊苦思苦吟他的詩，而且不是一首一首地想，是以句為單位的，每想出一句，就寫下來丟進袋子裡。他寫的詩不會有社會性，甚至也不是出自個人經驗，毋寧是一種極端獨特性的追求，要寫別人沒寫過的詩，也要寫超越自己、自己沒寫過的原創的詩。

還有李商隱，他的詩充滿了刻意鋪排的歧異性，可以這樣讀，也可以那樣讀。有些地方像謎語，有些地方藏著冷僻的典故，就是不讓人一眼看穿，必須經過思索探討，經過專注費心的閱讀過程，才能理解他的詩。

還有賈島，留下了有名的「推敲」故事。他作了一句詩，但應該用「僧推月下門」還是「僧敲月下門」，卻反覆吟詠無法決定，走路時完全沒有注意到自己衝撞了大官的轎子。還好他衝撞的是韓愈，韓大人知道他無心過錯的原因，就告訴他「敲」比「推」好，因為有聲音，豐富了

「月下」夜晚的感官。韓愈自己也是個反對寫好讀易讀的詩的人，他的詩中充滿了奇字僻字，還有曲折的文義和複雜的拗救[9]聲音安排。

賈島的詩〈送無可上人〉中有兩句：「獨行潭底影，數息樹邊身。」他自注詩云：「二句三年得，一吟雙淚流。知音如不賞，歸臥故山秋。」兩句詩沉吟了三年才得到，難怪感動得流下淚來，而用這種認真態度寫詩，當然不可能寫出滔滔長篇的〈長恨歌〉或〈琵琶行〉了。這種詩顯然也就不會是為一般讀者寫的，而是要尋找真正能欣賞精細字句區別的知音，是為知音而寫。

由「苦吟」而得的詩，常常是「有句無篇」，有很好的句子，但整篇看來就不那麼順暢，甚至有點彆扭。將這種彆扭風格發揮到極致的，正是韓愈。在寫詩和寫文章上，韓愈有很不一樣的態度。他那種求奇求險的寫法，在唐代是一種極端，卻對後來的宋詩產生了巨大影響，可以說他首開了宋詩不同於唐詩的精神與風格。

讀唐詩，最好的方式還是以李白、杜甫這兩座巨峰為中心，了解不同詩人及不同風格所組構而成的系譜，再依照這個系譜來歸類詩人與作品。

9 近體詩中，若平仄不依正常格律的句子，叫做「拗句」；詩中出現拗句，而採取一定的補救方法，叫做「拗救」。例如「平平平仄仄」句式中，可變成「平平仄平仄」，即第三字該用「平」卻用了「仄」，就必須在第四字補回一個「平」聲字。

第七講

唐代的佛教與佛寺

01 隋唐佛教的核心：選擇、整理、混合

隋唐歷史上的一項重大發展，是佛教更進一步地中國化，出現了具備獨特性格的「漢傳佛教」。

不過該注意的是，佛教中國化並不是讓佛教教理變得更像中國原有的思想。佛教傳入中國，先經過「格義」的階段，也就是用中國傳統既有的名詞、觀念去說明佛教。佛教教理依附在道家老莊的詞彙之下，聽起來很親切，比較容易理解，但相對地就失去了獨立性，而且和印度的佛教思想有很大的差距。

隋唐時代的佛教中國化，是在具備了相關的語言、觀念條件，能夠對印度佛教有清楚的根本理解，在這基礎上進行新的發展，產生了原先印度佛教沒有的、原先中國傳統中也沒有的看法與主張。

例如到這個時候，佛教的重要觀念Samadhi，已經有了明確的譯名「三昧」；對於佛陀所說之「法」，也不會再和道家所說的「道」混淆了。是在這樣的條件下，出現了特殊的「中國式選擇」（牟宗三先生語）。並不是中國人新創了一套佛教教理，而是在原本的印度佛教系統上，從龐雜的印度佛教元素中，在中國有了獨特的選擇、整理、混合。這選擇、整理、混合的方式，構

成了隋唐佛教的核心。

隋唐時，佛教高度中國化，有其外部因素和內部因素。外部因素像是帝王（如梁武帝）和佛教產生的密切關係、佛教信仰進入南朝貴族生活中等等，都使得佛教得以進一步在中國社會生根。加上具有獨立經濟生產能力的佛寺組織，讓佛教的勢力更形穩固。雖然北周武帝在政策上發動過對佛寺經濟的打擊，但很快地繼承北周的隋朝統一了中國，於是南方的佛教風氣深刻感染、影響了新的朝廷。

隋文帝本身是佛教的信仰者，隋煬帝因為崇拜南方文化，也刻意繼承了南方龐大的佛教資產。於是北方佛教快速地在隋代恢復元氣，甚至擴大發展。也就是說，一統的帝國有助於南北交流，也有助於佛教、佛寺在北方重建。

佛寺重建，使得佛寺與佛寺之間形成了一套網絡，又反過來推動了帝國統一。南北之間有運河相通，北方的陸路和南方的水道基本上可以保持交通安全狀況，再加上佛寺提供了最常見、最簡便的「掛單」休憩機會，不只方便和尚們遊方，一般人也很容易找到佛寺借住落腳。如此產生了過去驛站制度不可能達到的效果，建立起新的行旅系統，幫助帝國的各個區域交流互動。

02 傅奕反佛，及唐高祖下詔「沙汰僧道」

不過從隋到唐，佛教發展出現了一個大變數，那就是皇帝的信仰。唐高祖武德三年出現過一則傳聞，說山西有一名婦人在路上遇到陌生的老人，光看外表就覺得應該超過百歲了，那老人說：「李淵是我的後代子孫，如果建立了王朝，可以千百年不廢不滅。」傳言這個老人就是老子李耳。

唐朝李家原本出身於關隴集團，但為了建立帝業，就刻意給自己拉來一個更有來頭、能增加王朝合法性的遠祖李耳，於是皇家的信仰自然就成了和道家牽扯不清的道教。道教有了皇帝做後盾，就和持續發展中的佛教產生了緊張關係。

唐高祖利用傳說抬高身世，拉攏道教建立功業，但當時並沒有要將道教立為國教的想法或做法。武德七年（西元六二四年），有大臣傅奕上書反對佛教：

> 佛在西域，言妖路遠，漢譯胡書，恣其假託。故使不忠不孝，削髮而揖君親；遊手遊食，易服以逃租賦。演其妖書，述其邪法，偽啟三途，謬張六道，恐嚇愚夫，詐欺庸品。……
>
> （〈請除釋教疏〉）

佛教來自遠方，講的是些奇怪的道理，佛書翻譯而來的內容也不知是真是假，結果使得那些不忠不孝的人，落髮出家之後就可以不用跪拜國君和父母，換穿了袈裟就可以不工作，遊手好閒外還可以不繳稅、不服役，專門說那些亂七八糟的邪說，恐嚇欺騙一般老百姓。

傅奕在〈請除釋教疏〉中接著說：

乃追既往之罪，虛規將來之福。布施一錢，希萬倍之報；持齋一日，冀百日之糧。遂使愚迷，妄求功德，不憚科禁，輕犯憲章。……而愚僧矯詐，皆云由佛。竊人主之權，擅造化之力，其為害政，良可悲矣！……

佛教的輪迴理論追究過往、看向未來，讓人相信捐給和尚或寺廟一錢，將來可以有萬倍的報償；現在吃齋一天，可以換來百日都有得吃。因而使得人們專注於這樣換取功德，不重視現在的法令規範。

降自羲農，至於漢魏，皆無佛法，君明臣忠，祚長年久。……西晉以上，國有嚴科，……羌胡亂華，主庸臣佞，政虐祚短，皆由佛教致災也。梁武齊襄，足為明鏡。……

從歷史上看，伏羲、神農一直到漢、魏，都沒有佛教流傳，那個時候政治清明，朝代歷時長久。西晉之前，對佛教多所防禁。但到了胡人進來之後，政治上的混亂錯誤，都是佛教所帶來的，怎麼還能相信佛教能予人保佑呢！信奉佛教卻不得善終的南梁武帝、北齊襄帝，就是最好的例證教訓。

昔褒姒一女，妖惑幽王，尚致亡國。況天下僧尼，數盈十萬，翦刻繒彩，裝束泥人，而為厭魅，迷惑萬姓者乎！今之僧尼，請令匹配，即成十萬餘戶，產育男女，十年長養，一紀教訓，自然益國，可以足兵。

光是褒姒一個女人，就足以讓西周亡國，現在全天下有十萬和尚、尼姑，有那麼多佛像，整個社會都迷亂了啊！最好的方法，是強迫和尚、尼姑都結婚生子，花十年工夫，添了夠多小孩，就可以充當國家的兵源。

傅奕的意見代表了當時反佛的理由，並不特別，比較特別的是他藉由王朝新成立的軍事需求，建議以逼尼姑、和尚還俗婚配來瓦解佛教勢力。中國佛教史上分別出現於北魏太武帝、北周武帝、唐武宗時期的「三武之禍」，如果依照傅奕的建議，那恐怕還得加上「武德」年間的事，成為「四武之禍」了。

不過唐高祖沒有接受傅奕的主張來對付佛教與佛寺，他在武德九年下的詔令是「命有司沙汰天下僧尼道士女冠」（《資治通鑑．唐高祖武德九年》），也就是一併整頓淘汰和尚、尼姑、男女道士。其中符合考核「精勤練行者」，就讓他們遷居到大寺、大觀中。京師留下三座大佛寺、兩座大道觀，每一州留一所佛寺、一座道觀，用這種方法控制「僧尼道士女冠」的人數，而「庸猥粗穢者，悉令罷道」。

所以武德九年推行的政策，並不是針對佛教，而是要將躲在佛寺和道觀裡、不在新朝廷控制範圍內的人口逼出來，尤其著眼於控制圍繞著佛寺和道觀所產生的熱鬧經濟活動。中古時期戰亂狀況下，往往佛寺或道觀形成了相對安全的社會與經濟綠洲，吸引很多人前來依附。有了市集，就有了活躍的交易買賣，賣酒的、賣肉的、賭博的，甚至色情行業都出現了，就是詔令中所說的「庸猥粗穢」。

這項政策主要是為了整頓社會與經濟秩序，並未明確地在信仰上和佛教有衝突。而且詔令下達之後沒多久，就發生了「玄武門之變」，李淵被迫退位成為太上皇，改由李世民即位。

03 玄奘：開取經風氣，建譯場組織

唐太宗李世民即位後，並未認真執行「沙汰僧道」的命令，而且在佛與道之間，他毋寧比較

偏好佛教。不過因為李家姓氏與李耳的關係，也必須扶植道觀系統，保持和道教間的緊密距離。

唐太宗對佛教最大的貢獻，是接見了當時一位奇怪的和尚，決定贊助他翻譯佛經的龐大計畫。這位和尚就是玄奘。

玄奘十三歲在洛陽出家，正逢隋末大亂，他流離西遷到了四川定慧寺，在那裡對佛理產生濃厚的探索興趣。他感覺到佛教教理中有許多不清楚的地方，甚至有不少看似互相矛盾之處。為了要弄明白，他開始了長期行腳，到各處大寺遊歷，為了聽人家說的名師講道。結果卻是聽得愈多、疑惑愈深，無法解決名師之間所說的歧異問題。他認為真要搞懂佛理，這樣不是辦法，必須回到源頭，越過紛紜難辨的翻譯，去了解天竺（印度）的原典內容。

那時候唐王朝剛建立，有禁令不准人民任意去往外國。玄奘先按規定上表申請，被拒絕了，但他耐不住求道解惑的衝動，就在貞觀三年，他混在飢民群中出關去到瓜州（今敦煌），經過高昌、西突厥等西域諸國，然後往天竺去。

他成功地到達了天竺，在那裡待了十二年左右，到貞觀十七年才取道回國。貞觀十九年，玄奘回到長安，帶回了五百二十匣、六百五十七部佛經。

玄奘曾經遍歷天竺五十六國，在那裡待了十二年的事跡，在長安引起了注意與騷動。消息傳到當時在洛陽的皇帝耳中，唐太宗就堅持要見玄奘。知道皇帝對玄奘有興趣，許多大臣陪著玄奘到了洛陽，在熱烈的氣氛中，太宗同意協助玄奘設立譯場。

在皇帝贊助下成立的譯場規模頗大，組織也很複雜。有一位「譯主」，就是玄奘，作為譯場的主要負責人，也是最精通佛典的人。他閱讀原典，口頭將其中的意思用漢語說出來，然後由「筆受」將他所說的記錄下來，也就是形成逐字稿。再由「書字」將逐字稿改寫成文言文。接著有十二位「證義」，大部分是和尚，負責審閱和改正譯文。再有「證文」，負責檢查文字是否正確通順。「證義」是負責查對內容的，「證文」則負責查對文字。之後交給一路參與旁觀翻譯過程的「參譯」，讓他們檢驗有沒有什麼過程疏漏了。再下來交給「綴文」進一步修飾文字。

到這裡還沒完，最後還有一個角色是「梵唄」，他們負責誦唸原來的梵文，對照唸出譯好的中文，看兩者能否在聲音上有更好的對應性。顯然在當時的觀念中，佛經不只是拿來讀的，還要拿來朗誦。要「誦經」，所以要在聲音上特別講究。

有這麼多人，經過這麼多程序，翻譯的佛經才能刊定。玄奘在這個譯場幾乎不間斷地工作了十九年，譯出七十五部佛經，分成一千三百三十五卷。而這個譯場存在的意義，遠超過玄奘所譯出的經書數量，更大的影響是讓求經和譯經蔚為風氣。

從玄奘開始，一直貫串到晚唐，有很多人去天竺取經，知名的就有：義淨、玄昭、師鞭、道希、慧業、玄恪、道生、僧隆、會寧、大津、道宏、慧日、不空、含光、悟空、道方、明遠、義朗、智行、慧琰、義輝、道琳、曇光、慧命、善行等人。他們的努力取經後來就形成慣例，等他們取得佛經回到中國，就會有官家或大寺為他們開譯場，用玄奘訂下來的規格翻譯佛經。這就是影響唐朝佛教最重要的內部因素。

04 唐代為什麼選擇大乘而棄絕小乘？

玄奘開了取經的風氣，又建立了譯場的組織，還奠定了翻譯的文體。在唐代，參與譯經的人很多，除了漢人之外，還有于闐人，甚至有不少天竺人，如菩提流志、達摩笈多、波羅頗蜜多羅、金剛智等。到天竺源頭取經，嚴謹地大量翻譯佛經，自然對佛教在中國產生了很大的變化衝擊。然而並未如玄奘原本期待的，取經、譯經之後，就能收拾佛教教理上的混亂混淆，找到清楚明確的道理。

相反地，中國人不得不承認，也不得不面對：原來佛教就是那麼複雜、那麼混亂啊！並不是從印度傳入中國後，在翻譯解釋的過程中產生了混淆，而是在印度的發展階段，佛教就長出許多分支，而繁多分支不見得都能整合為統一的系統。於是要繼續講佛理，就必須從這些繁雜說法中進行選擇。

不同於「格義」時期，什麼說法剛好被介紹進來，剛好和當時流行的觀念可以連結互通，就被視為佛教的內容。這時候有了對於佛教面貌的整體認知，不同的經書都拿回來翻譯出來了，就要從中進行有意識的選擇。其中一項選擇原則，在六朝開始浮現，到唐代予以確立，那就是選擇「大乘」（Mahayana）而棄絕「小乘」（Hinayana）。事實上，就連「大乘」、「小乘」的名稱都是大乘這派的說法，稱自己為「大」，和自己不一樣的對方是「小」。所謂「小乘」，他們自稱是「上座部」。

在格義階段，中國人已經透過直覺、透過文明最根本的價值信念，感覺大乘觀念比上座部要來得容易接受。上座部教理從中國的集體價值觀來看，是「自了漢」的追求，累積智慧、看破虛象，是為了讓自己能解脫痛苦，進入靜寂涅槃。大乘則是所謂的「菩薩道」，認為輪迴的無窮苦，不是個人的，而是集體的。上座部的目標是自己能離開輪迴無窮苦，大乘卻是要讓輪迴無窮苦消失。顯然大乘的集體關懷以及尋求集體解決的思考，比較接近中國立基於聖賢形象上的道德觀與生命觀。

隋唐之後，這樣的區別多了一層思想上的解釋，說明為什麼大乘比小乘高明。小乘相信的是「性空法有」，意思是一切的現象與事物都是偶然因緣所創造的，沒有必然性，而且會不斷生滅變化。「我」是由意識不斷流轉所構成的，沒有一刻停留，但我們卻以為有一樣可以被掌握的「我」，這就形成了「我執」，從這裡而有了人生的種種痛苦。所以要破除誤會，理解一切都是因緣，沒有本體，也就沒有「是」，只有「如是」，如此得到看穿內在「空」的真相的智慧，理解管轄這一切的「法」。「法」才是一直存在，具備不生不滅不變化的恆常性質的。

然而大乘卻不停留在「法有」的觀念上，要更進一步地探索，或更進一步地破除——其實連「法」也是「空」。在這點上，大乘超越了小乘，更徹底、更高妙。

對於大乘佛理在中國的發展，最重要的佛教文獻是龍樹（Nagajuna）所傳的《中論》。《中論》所論的「中」，指的不是物理上的位置、空間上的「中」，而是論理邏輯上的「中」，指的是「既非此也非彼」的狀態。

我們可以藉由「八不中道」來理解。「八不中道」分別是「不生」、「不滅」、「不斷」、「不常」、「不一」、「不異」、「不來」、「不去」，一共八個「不」，分成四組，每一組都是兩個我們平常認為無法並存的對立觀念。如果是一樣的，就不會是不同的；如果是改變的，就不會是恆常的；如果生長了，就不會是死滅的；如果走過來，就不會是離去。而龍樹提出的「中」，卻是指「既非此也非彼」的一種非常識、反常識的狀況。

龍樹主張：世界的真相就在這樣的「中」，會形成對立的，都是虛妄的建構。「中」是雙重否定，我們認為這個世界要嘛是「一」、要嘛是「多」，這就是執念。真正的智慧在兩者的雙重否定裡，要去體會既非一也非多的弔詭情況。而且龍樹所主張的「中」非常徹底，針對一切的對立，包括了「空」和「有」。「空」作為「有」的對立，那也是一個極端，不會是「中」，也就不是我們應該執守的。真理不可能在「空」，而在「非有」也「非空」的更高層次的「中」。

如此一來，「性空法有」也就站不住腳了，因為這個概念還是建立在「空」和「有」的對立上。小乘認為一切都在變，看清楚了這個事實，我們就能明瞭，唯一不變的是「一切都在變」這個原理。然而龍樹所代表的大乘卻認為，「法有」仍然是「有」，還是建立了一個原理不變的執念，那就不是徹底的真智慧。

05 從三論宗的「內外並呵」到「判教」思想

《中論》是徹底的論理。如果一切是空，一切都在變化之中不會停止，也就沒有常性，那麼就連「一切都是空」的道理也是空，「一切都在變化」的認識也一定會變化。而且還會再後退，說「『一切都是空』的道理也是空」這個道理也是空，沒有真性，必須被看破、必須被推翻。甚至《中論》作為一種固定的理論也就成了「有」，也應該被打破，再往後尋找「非中」與「非非中」的狀態。

這是一種否定的、負面的辯證法，然而放在佛教中就產生了一項真實的困擾。如果是這樣，那麼佛教跟我們的生活之間的關係是什麼呢？佛教作為一種人生哲學或生活指導的功能，如何和這樣徹底後退的論理思想配合？換個方式說，要如何讓無窮的後退停住，讓佛教的生活指導不會崩潰瓦解呢？

這就是明確選擇了大乘之後，隋唐佛教在中國的巨大任務。如果一切都是虛假、虛空的，那我們要如何不陷入相對之中，還能主張什麼、把握什麼？

隋唐時期成立的重要宗派，都帶有濃厚的哲學思想性質，要從龐大的印度佛教元素中，找出方法來對應、處理這樣的虛無傾向，確保佛陀所教的是真實的、是有意義的，而不只是另一個應該被克服、被超越的論理階段而已。由此出現了許多有趣、精彩的論理。

六朝時曾經很發達的宗派有「三論宗」，就是以龍樹的《中論》、《十二門論》，和龍樹弟子提婆的《百論》三種著作（皆由鳩摩羅什翻譯）為其基礎。這就是一種選擇，在那麼多的經典中，選擇了這三部。三論宗的主訴求是「破邪顯正」——打倒邪說，彰顯正確的思想、觀念。這看起來沒有什麼特殊、獨到之處啊？三論宗的重點放在「破邪即顯正」上，主張「破邪之外，別無顯正」。

這也就是說，我們要去認清世間所有事物的虛幻性，揭露對於真實的看法是誤會、是錯的，這樣就是了。不需要也不應該在破除虛幻之外，還要再用正面的方式去說佛法，除了「破邪」之外就沒有別的可做、要做的了。像剝洋蔥似的，不能想要剝掉一層層，最後顯現出藏在裡面的中心之物來。裡面就是空的。剝開發現裡面的空，就是剝洋蔥行為的所有。

要破邪，依照三論宗的說法，就要「內外並呵，大小俱斥」：

若心存內外，情寄大小，則墮在偏邪，失於正理。既失正理，則正觀不生。若正觀不生，則斷常不滅。若斷常不滅，則苦輪常運。以內外並冥，大小俱寂，始名正理。悟斯正理，則發生正觀。正觀若生，則戲論斯滅。戲論斯滅，則苦輪便壞。（吉藏〈三論玄義〉）

如果有內外、大小的分別，就有偏邪，就不是正理，也就不可能有看這個世界的正確觀點，如此就一直陷在因果輪迴的痛苦之中。要離開「苦輪」，必須從根本上破除「內外」、「大小」的分別。

破邪而有正觀，如此輪迴中的苦就消失了。正觀本身就是否定的「呵」、「斥」，不要再從正面去描述、去掌握，它不是「有」，沒有內外、大小，就只存在於破壞、解除之中。

因為要「內外並呵」，所以從三論宗生出了隋唐佛教的一個重要傳統，那就是除了要批判佛教以外其他宗派的信仰、主張，彰顯其錯誤之外，也要對佛教本身抱持同樣的批判、檢討態度。後來出現的中國化宗派，因而都有很發達的批判哲學，那樣一種破壞性的力量是不能輕易停止的，無法簡單地就只針對「外道」而放過佛教自身。外面的要否定、要推翻，佛教自身裡面的也要批判、要弄清楚，於是有了「判教」的思想與做法。

「判教」一部分也源於佛教有那麼多經典，留下了那麼多不同說法、不同記錄，必須找到一種批判的方式予以整理，才能夠解釋。隋唐佛教因而不是簡單的宗教信仰，不是著眼於如何將教理說得更動人、更有吸引力，讓更多人能接受和擁抱。佛教在中國至此建立了高度批判性的系統思想。

06 空、假、中，天臺宗的「三諦圓融」

印度佛教沒有「判教」。佛滅之後的擴張流傳過程中，佛教出現了許多不同派別，每一派每一宗都是佛教，各宗各派所信奉的經書都是佛經，從來不曾經歷過一個整合的階段，也不曾存在過強烈的整合意識與需求。佛經中不同的說法是怎麼回事？有時候還有衝突矛盾，該如何看待？這些都是佛教嗎，還是有真有假或有高有低？有可能將不同教理予以整理安排嗎？印度佛教沒有認真問過和回答過這些問題。然而進入中國之後，中國人的思維模式卻繞不開、避不掉整合並建立系統的要求。

三論宗並未有明確的判教原則，到了「天臺宗」、「華嚴宗」，就出現嚴謹的判教原理與方法。這套方法帶著很清楚的中國性格，絕對不是從印度來的。

天臺宗、華嚴宗的「判教」，都是訴諸於佛陀的生命階段分別。在第一階段祂說了什麼道理，到第二階段換成針對什麼樣的對象而說了什麼道理。如此安排，得以將佛經中不完全能並存兼容的理論放入一個系統中，同時給予一種生命成長過程的解釋。中國化意味著在印度隨著時間而分散衍化的教理，被刻意地收拾了，透過批判分析去除分歧、混亂，也就是有了強大的整全意識貫串其中。

面對「法」是有還是空的問題，天臺宗主張「法一諦三，三諦圓融」。有三種看法，都是同一個「法」的顯現。第一種看到世界是「空」的，沒有任何實相，所以事物都沒有自性；第二種看到一切都是「假」的，既是真假的「假」，也是假借的「假」，不過就是暫時的命名，提供暫時的、借用的認識；第三種是看出如《中論》中所提示的那樣「既非此亦非彼」的狀態。「空」、「假」、「中」三種角度，都可以幫助我們有智慧地掌握這個世界，脫離苦輪。

「空」、「假」、「中」不同角度，看到的是同一個世界。從「空」的角度看，那麼不只「空」的道理本身是空，就連「假」、「中」的道理也是空。從「假」的角度看，那麼「空」和「中」也都是一時假借設定的，不是真正實有的。從「中」的角度看，那麼「空」和「假」也應該被「非空亦非非空」、「非假亦非非假」的觀念破除。

「空」、「假」、「中」就是「三諦」，三者之間的這種關係，是為「圓融」。「三諦」彼此形成了互相牽連、互相批判又互相補足的關係。更重要的，用「三諦」之間的連環結構，阻止了任何單一觀念帶來的無窮後退的問題。空的道理是空，說「空的道理是空」的這句話也是空，如果這樣就會一直不斷往後退，成了無限遊戲。現在我們可以想：空的道理是空，而之所以要有空的道理，是一種假設、假借。假借的道理也是空，真相、真理存在於空與非空之間的「中」，不過我們也不能執著於「中」，因為「中」的觀念也是沒有本性、也是空的，是為了讓我們取得智慧而暫時假設、暫時借來的。

「三諦」巧妙地形成了循環，不再是無限後退的論證。

07 以分析反分析的「三千一念」

天臺宗另一個神妙創意的論理，是「三千一念」或「三千一法」。「三千」是印度佛教中慣常用來形容眾多、代表無量數的說法。最有名的是在《維摩詰經》裡呈現的「三千大千世界」，對比我們所處的世界，只是其中的一個，那又何必如此自我中心、如此看重呢？自我中心源於我們不知道我們的世界之外，還有三千個（無數個）世界，放大了規模與視野，就會有不同的概念和態度。

「三千」在天臺宗的教理中也有了中國化的轉變，從一個虛的、象徵性的大數，變成一個可數的數字，意思就是有了對於「三千世界」的分類與描述。什麼是「三千世界」呢？為什麼是「三千」？依照天臺宗的說法，要先從「十界」算起，那是十種不同等級生命形態所構成的世界，分別是地獄、餓鬼、畜生、修羅、人間、天上、聲聞、緣覺、菩薩和佛，由下而上一層層升等的輪迴道，看每個生命所累積的「業」，在輪迴時決定下一回生命會進入哪一層。前面六界又稱「六凡」，後面四個較高的等級稱為「四聖」。「四聖」等級一般會在後面加上「天」，有聲聞天、緣覺天、菩薩天、佛天，那是可以解脫的層級。

天臺宗說「十界各具十界」，將等級分得更細。十界中的每一界又各有其十界，「地獄」一級中又有地獄的地獄、地獄的餓鬼、地獄的畜生、地獄的修羅、地獄的人間……；「餓鬼」一級又有餓鬼的地獄、餓鬼的餓鬼、餓鬼的畜生……，如此十乘十，就變成一百個細分的層級。

再來，「一界各具十如」，「十如」是「如是相」、「如是性」、「如是體」、「如是力」、「如是作」、「如是因」、「如是緣」、「如是果」、「如是報」和「如是本末究竟」。意思是，例如在地獄中的地獄，會有這一界的現象（「相」），現象有其本質（「性」），有產生現象的物質（「體」），有其顯現的力量（「力」），也就有之所以產生現象的來龍去脈，有「因」、有「緣」、有「報」等，最終有管轄這一切的根本原理，那是「本末究竟」。前九個是感官與思辨層次的，最後一個超越了感官與思辨，是究竟的道理。

如此又乘以十，就變成了「千」。再來「十如各具三種世間」，分別是「正報」、「依報」和「五陰世間」。例如畜生界的聲聞界，有其主要原理，那是「正報」；由其連帶衍生的原理，那是「依報」。「正報」是「眾生世間」，「依報」是「國土世間」，兩者背後還有「五陰世間」，互為表裡。「五陰」是「色」、「受」、「想」、「行」、「識」。如此再乘以三，於是由「千」變成了「三千」。

用這種方式，天臺宗教理解釋了什麼是「三千」，同時也就主張，世界的所有可能都在這「三千」中了。而神奇的是，如此既完整又複雜的「三千」，我們卻能了解、也能說明，表示「三千」可以被統攝入我們的心念裡。因而至大與至小又統合起來，「一念三千」，現實即心象，當你心念在地獄，就成了地獄，就創造了地獄。

為什麼要用這種方式來理解世界？或者問：用這種方式我們到底能夠認識到什麼樣的世界？天臺宗的論理，表面上看是分析的，而且是再複雜不過、層層堆疊的分析，分類到三千種之多都還不夠，「世間」還要分「眾生世間」、「國土世間」和「五陰世間」，「五陰」又分成五種……。光是聽起來都讓人頭暈了，何況要一一對應去思考、去辨識？

所以其實質是「以分析反分析」，或者說以極端的分析來否定、取消分析。細微的差異小到無法再小了，怎麼可能搞得清楚地獄界中的畜生界的如是性的正報，和畜生界的地獄界的如是力的五陰世間各自是什麼，又有什麼關聯？最終我們會超越差異，而對「三千世界」產生一種「圓融」的感受，那「圓融」就在你的心念中。你也就了解，並謹慎珍惜，原來自己的「一念」這麼廣大、這麼複雜。

08 天臺宗的「教觀二門」和「五時八教」

天臺宗的另一項重要主張是「教觀二門」，「教」就是原理原則的解說，但光靠解說不夠，還要有「觀」，也就是修行與體會。所以「一念三千」或「三千法門」不能單純只當作「教」，不只是分析的道理，還要藉此進入「性空」的境界，感受到世界一體的圓融，到達的途徑就是「觀」。

弔詭地用一種分析的方式去觀想，將身邊的現象放入「三千世界」的複雜架構下去觀想，藉此體會自己的「一念三千」，久而久之「三千」的分別就在直覺中消失了，只剩下超越「三千差別」的安寧，這是天臺宗裡「教」和「觀」互動的法門。

「觀」有觀法，叫做「一心三觀」，三種修行的工夫。第一種是「在心上觀念」，從當下的念頭去分析，這是什麼樣的念頭？既然「一念三千」，念頭有近乎無窮的可能，所以要分辨是聲聞界還是菩薩界的念頭？當然也有可能是畜生界的念頭。第二種是「修息三千三諦」，學會主觀控制，讓自己的「一念」可以到達「三千」中的不同層次、不同境地，可以選擇要去的和要避免的。如此才能到達第三種「萬法皆是三千三諦」，你明白了這些差別都不過在「一念」之間，也就能夠超越差別，進入無差別的境界。

天臺宗還提出了「判教」的主張——「五時八教」，也就是將印度佛教教理分出不同階段、不同層次的安排。從佛陀在菩提樹下得道之後，有五個不同時期。第一期叫「華嚴時」，講的是《華嚴經》，佛陀藉此試探內證對信眾的影響，所以又稱「擬宜時」。然而當時在他身邊的人對於佛理沒有任何認識和準備，都聽不懂那麼深奧的道理，所以「聲聞如聾如啞」，雖然說了，卻沒有人真正聽到，也沒有人能轉述傳達。

如此進入了第二期「鹿苑時」（因說法的場所在鹿野苑）。佛陀進行了調整，轉而說比較淺顯的小乘《阿含經》道理，教如何自身解脫。這時期因而又稱「誘引時」，以對己身有利的角度誘引大家來關心佛理。小乘主要是為了發揮誘引作用的入門。

第三期叫「方等時」。佛陀開始講大乘《方等經》，也就是要顯示自身解脫的有限性，讓信眾理解更高的追求，所以重點在於「抑小乘，揚大乘」。為了達到目的，佛陀也有了不同的教法，這時期又稱「彈呵時」，即喝斥那些停留在小乘階段、看不見更高真理的人，要他們醒覺。

接下來的第四階段是「般若時」。佛陀講的是《般若經》，此時期又稱「淘汰時」，也就是以《般若經》的內容為門檻、為試煉，將跟不上、無法進入大乘圓融之境的人淘汰出去。顯然《般若經》的程度不一樣了，有較高的難度，可以篩選出比較有智慧的人。

最後一個時期是「法華涅槃時」。佛陀教的是《法華經》和《涅槃經》，這個階段同時又稱「人開會時」，對應前面四個階段屬於「法開會時」。意思是，前四個階段是將「法」——也就是佛法道理——說給人聽，「法」是客體，「人」是接收的主體，兩者是分開的。到了最高階段，人即是法、法即是人，圓融為一，沒有分別了，是這樣的講法，得到這樣的領悟。這階段的兩部主要經典，也有不同的作用。《法華經》是至高的真理，是對淘汰之後最後留下來、最有領悟力的人說的，而《涅槃經》則是所謂的「追說追泯」，對於那些沒辦法一下子完全理解《法華經》，這裡有缺漏、那裡有誤解的人，給予補充與修正。

用這種方式，天臺宗解釋了為什麼佛教裡有那麼多不同的內容，那是佛陀在不同階段、基於不同目的而進行的說法。雖然不同，若照著時間和教法安排，就有一個完整的系統，絕對不是雜亂、矛盾的。

對應「判教」的不同階段，天臺宗整理了「佛陀四教法」[10]。第一種是「頓教」，也就是教人立即了悟的方法，那是剛開始講《華嚴經》的方法，直接彰顯真理。但沒有那麼多人能夠領悟沒有層次、沒有順序的「頓教」，於是佛陀改使用「漸教」。「頓教」的方法後來在中國由禪宗承襲，到了北宋大放異彩，還發展出許多配合的特殊教法來。

除了「頓教」和「漸教」之外，第三種教法是「祕密教」，意思是佛陀雖然對著一群人說法，有些內容卻對特定的人產生了特別的作用，彷彿專門只為了說給他一個人聽似的，聽講時有神祕的效果。第四種教法是「不定教」，雖然佛陀一個人說一種內容，但對不同的人卻產生了不同的作用，他們得著不一樣的教訓，有著不一樣的領會。

10 這裡說的「佛陀四教法」，屬於「五時八教」中的「化儀四教」。另有「化法四教」，分別為藏教、通教、別教和圓教。

09 華嚴宗的十玄門、四法界

天臺宗之外，還有華嚴宗，他們也建立了自己的「判教」系統。而且因為華嚴宗的系統完成於天臺宗之後，就將天臺宗也納入他們的「五教十宗」體系裡。

華嚴宗的第一階段是「人空法有」，去掉人對於自體的執念，以求解脫。這是入門，相應的就是小乘的教理。

第二階段才是「始教」，大乘道理的開端。在這個階段，佛陀解釋了「空」的意義，不只是一種對付外在環境、求個人解脫的認知手段，而有其作為組構這個世界內在基本原理的地位。第二階段所產生的是「法相宗」和「三論宗」。法相宗又稱「唯識論」，發展出一套細膩的意識理論，說明所有的一切都是在意識中產生的、在意識中流轉的，看清楚、弄明白了，就知道這背後是「空」的。

相應於第二階段的「始」，第三階段是「終教」，即道理的根結之處，又叫做「實教」。以領悟「空」開始，用道理來分析事相，這是法和相，也就是道理和事相分離的方式，但終究必須再將道理和事相重新合而為一，才是更高等的體悟。天臺宗教理就被放在這個階段，是這個階段的代表。

第四階段是「頓教」，重點放在「言說頓絕，理性頓顯」，語言的盡頭升起了另一種真理，可以直接、立即感悟。華嚴宗判教並未將任何一宗放在「頓教」之下，不過後來的禪宗就是以這種「不立文字」的頓悟為其主要風格。

最後一個階段是「圓教」。華嚴宗當然將自身放在這個階段作為代表，其特色是「主伴具起，重重無盡」，還有另一個說法是「萬有一一，相即相入」。意思是看事物萬象，有許多個體，那是我們認知現實的基本方式，也就是「一一」，但這是假的，如果你認識了真實，就會明白萬物其實都是彼此關聯，都來自一個共同的主體。

就像一層一層的波浪，並不是真的有波那樣的東西，而是水。我們看出了波也看到了水，這就是「相即」。但如果我們只看波而忽略、忘記了水的存在，忽略、忘記了波是由水產生的，忽略、忘記了本體，也就忽略、忘記了本體是一致的，而將之視為別的東西，即表象的、虛妄的眾多東西。

如果看本體，原來的兩極都可以同合。「色即是空，空即是色」，意味著在本體處，色可以「廢己同空」，空也可以「廢己同色」，這叫做「背己從他」，也就是真正的「相即」。關鍵就在一切分別、矛盾的背後，都有共通、共有的根源，從那個層次和角度看，就是圓融合一的。

看似一一個別存在的萬有，其實也是彼此互相依賴的。作為一個人，你的存在其實也沒有獨立性，是由眾多因緣造成的，離開了這些因緣，也就沒有你這個人。使得你存在的是所有互相連結的關係，萬有都如此關聯，都有關係，這就是「相入」的道理，也就是「緣起」。

華嚴宗解釋世界的另一種方式是「唯心緣起」，這是一套複雜的邏輯，核心觀念是「十玄門」——十道看起來玄虛的門，走進去我們就明白了一切現象都從我們心中發源。十門的共通之處在於破除我們習慣的分別。第一門是「同時具足相應門」，讓我們明瞭時間是虛幻的，過去、現在、未來的劃分是虛幻的。第二門是「廣狹自在無礙門」，這是破除空間尺度的分別幻象的。第三門是「一多相容不同門」，這是破除全體與部分的分別幻象的。

第四門「諸法相即自在門」，所有道理其實背後都是相通的，沒有真正不一樣的主張。第五門「隱密顯了俱成門」，最顯白的和最隱微的，外在與內在，也是共通一致的。第六門「微細相容安立門」，最巨大的須彌山和最微小的芥子，沒有真正的大小區別，須彌山是完足的，芥子也是完足的，沒有根本差異。第七門到第十門則分別是：「因陀羅網境界門」、「託事顯法生解門」、「十世隔法異成門」、「主伴圓明具德門」。

「十玄門」和天臺宗的「三千法門」有共通之處，都是修行之法，藉由思考來達到無差異、無區別的境界。

要理解隋唐時中國佛教教理、教義上的最高追求，還有華嚴宗所講的「四法界」。和「判教」配合，而有四個相應的不同層次，即真理的四層不同境界。

第一個是「事法界」，也就是小乘的層次，在於幫助人處理「事」，也就是當前俱現、包圍著你的種種條件，想要擺脫現實的困擾，可以在這個法界中尋找答案與解決方法。第二個是「理法界」，是由規則、原理所構成的境界，洞視世界的虛空，以及如何取得「性空」認識所需要的智慧。

第三個是「理事無礙法界」，也就是將現實和道理融合為一而形成的境界。依照華嚴宗的分類說法，天臺宗的教理就落在這個層次。在此之上，還有獨特屬於華嚴宗的境界，那是「事事無礙法界」，意味著返回到現實世界中，遺忘了所有的道理，不需要道理，可以直覺、如實地應對現實，和現實相處，都不會有妨礙、不會有問題。

到這個層次，將道理放空了，回頭包納這個世界，不被現實所累，就進入「主伴具起，重重無盡」的狀態。「主」指的是重要的終極道理，「伴」指的是在旁邊不那麼重要的現象。至此，連終極道理和最表面的現象之間都沒有分別了，道理和現象都屬於「唯心緣起」，出自「佛心」或「佛性」，一切都被包納、涵蓋了，於是就能源源不絕地產生智慧與力量，不再需要經過「理」上的思考，甚至也不需要回到「理」上，純粹直覺、純粹自然。

用這種方式，華嚴宗就將天臺宗也併了進來，完成一個更大的系統。而他們所推崇的「事事無礙」境界，很接近後來禪宗「三階段說」中「見山又是山」的概念，可以清楚看出在思想上的彼此連結。

10 高度思辨的佛教與唐武宗滅佛

隋唐的佛教朝著高度思辨的方向發展，思想性升高的同時，其宗教性必然隨之下降。那麼細緻艱深的理論探討，勢必只有少數菁英才能參與。從六朝奠定下來的佛寺經濟基礎，讓這時候的佛教有足夠條件可以培養少數菁英，即專門如此進行深思的僧侶。佛教組織在這過程中進行了轉化，表面上仍然是宗教團體，內在性質卻比較接近哲學研究所了。

高度菁英化的佛教，和社會大眾的關係愈來愈薄弱，能有多少信徒聽得懂這些道理？更遑論受到吸引而產生信仰了！他們不可能積極支持佛寺，提供佛寺所需的資源。幸好佛寺自身的經濟根底深厚，也不太依賴信眾的供奉，如此才產生了像天臺宗、華嚴宗這般輝煌的思想成就。

不過到了唐武宗滅佛，刻意著眼於打擊佛寺經濟體系，佛教面臨了空前的災難。會昌年間的政策，不像高祖時那樣佛道一起處理，而是朝廷明確地站在道教那邊壓抑佛教，過程中牽涉到好幾位重要的道教信仰者，甚至是道士，例如當時的宰相牛僧孺、道士劉玄靜等等。

會昌五年（西元八四五年），皇帝下詔廢除了佛寺四千六百所，另有稱為「招提」、「蘭若」的小型佛教據點，拆除了四萬多所。有二十六萬僧尼被迫還俗。更重要的數字是：被沒收的佛寺田產數千萬頃，沒入屬於寺廟的奴婢十五萬人。如果二十六萬僧尼真的控有數千萬頃田地，那麼這些僧尼平均擁有的土地可說直追大地主，而且不必自己下田生產，蓄養了十五萬奴婢來為他們服務。

這是唐朝佛教堅實的經濟基礎，在這基礎上，才得以發展和一般信眾無關的高深教理。不過在會昌五年「毀佛」之後，佛寺大受打擊，而道教原本就沒有像佛教這樣獨立的經濟勢力，於是宗教作為介於國家與人民之間的中間組織，其力量大幅削弱。相應地，必須依賴信眾捐奉來維持的佛教體系，後來也就無法繼續發展哲學義理。前者的影響是使得宋朝以後朝廷獨大，直接統治人民，而有了近世歷史中很不一樣的統治模式；後者則是使得思想的主要活力從佛寺中移走了，到宋朝之後轉到了儒學復興而產生的理學中。

第八講

從門第到科舉

01 唐代科舉考試的四個階段

談到考試，在我們的生活中有個理所當然的標準，那就是六十分，以六十分為分界，以上就是「及格」，以下是「不及格」。這是我們從小最熟悉的標準。不過到國外念過書的人會知道，別的地方不是用這種方式進行考試評量的，對其他社會的人來說，六十分沒有那麼重要，沒有凸顯的特別意義。

「及格」是從唐代考試制度遺留下來的長遠傳統。唐代科舉基本上分成四個階段。第一階段是「帖經」，從經書中留下約一行的文字，將其中的三個字蓋掉，讓考生憑記憶補回去。這是默寫的填充題。經書的範圍很廣，三個字可能出現在任何地方，可能是很有意義的三個字，也可能是特定的人名或地名，當然也可能是毫不重要的虛字。帖經考題的難易程度可以有很大的差別，所以每次通過的標準也不一樣，「或得四、得五、得六者為通」（《通典．選舉三》）。

帖經通過了，進入第二階段，叫做「大義」。確定經書內容你會背了，再來問你懂不懂其中的意思。如果進行筆試，又叫「墨義」，形式上接近簡答題，例如問「三才」是什麼、「五倫」是什麼。不過到後來這個階段逐漸固定為口試。每個人考十題，答對六題以上就可以進入第三階段，不到六題就淘汰回家。這是「及格」的來源，表示取得資格，可以繼續下一階段的考試。

下一階段通常是「策論」，這是從漢代留下來的舊形式，寫論說文。在這個階段，就不是「及格」或「不及格」，會分等第。如果考的是「明經科」，那麼到此考完了。「進士科」還有下一關，叫做「雜文」，但實際上考的是「詩賦」，而詩和賦兩種形式中，又以詩最為重要。

02 二館六學，學校和科舉相互為用

「科舉」指的是「分科舉士」，特別標出「分科」，因為這是新鮮的做法。當時認定了幾種基本的能力，要藉考試來檢別。例如「明法科」，要有管理律令方面的專門能力；「明算科」，要有算術、數學的能力；「明書科」，「書」指的是寫字，所以選的是字寫得特別好、特別精到的人。

隋唐的考試選才制度不是單獨存在的，而是和原本世族壟斷人才的狀況拉鋸中發展的。隋文帝開皇十三年設立「國子學」，將朝廷的教育機構升級。之前的「太學」隸屬於「太常」，是九卿底下的一個分支單位，這時候獨立出來了。隋煬帝大業三年，改稱「國子監」。到了唐朝，國子監擴大為「二館六學」的架構。二館是「弘文館」和「崇文館」，主要是教皇族子弟，入館當

學生的條件是出身於皇族、貴戚或最高官員之家。

六學以「國子學」為核心，剛開始設定的員額是三百人，入學資格限定為文武三品以上官員的子孫，加上從二品以上官員的曾孫，勳官二品、京官四品帶三品勳封官員的兒子。這明顯是高官子弟學校。官位愈高的人，就有愈多子孫後輩可以進到這所學校受教。

第二個是「太學」，員額五百名，入學資格也是以官品來限定，為五品以上官員的子孫、三品官員的曾孫，以及勳官三品以上而且「有封」（另外受到封賞）官員的兒子。

第三個是「四門學」，取名源自「廣開四門」的用意，員額一千三百名，不過入學規定還是很嚴、很窄，是給勳官三品以上但沒有封爵、四品而有封爵，以及文武七品以上官員的兒子受教育的地方。到這個層級，官員就只能蔭及兒子，孫子、曾孫不再享有教育特權。不過，四門學有一個比較符合「廣開四門」精神的但書，就是容許「庶人之俊異者」（《新唐書・選舉志上》）入學，指的是庶人子弟但有特殊能力的，可以進四門學，占了八百名。

後面第四、第五、第六分別是「律學」、「書學」、「算學」，入學身分為八品以下官員的兒子，以及庶人子弟但精通此學的，是針對特定專業的訓練場所。這是和考試制度中「明法」、「明書」、「明算」三科配合的，為國家培養專業人才。

前面三學，是特別教育官員子弟的，更確定地說，是朝廷用來收攏官員子弟的手段。隋唐之前的六朝時期，官員大部分來自豪門世族，他們所受的基本上是「家學」。此時國家設立了新的機制，刻意介入豪門世族的教育，將他們從家裡拉出來，轉到朝廷的學校中受教。這是學校和科舉相互為用，進了朝廷設立的學校，當然比較容易在科舉考試中獲得好成績，考試出身的官員又比較受青睞，多有晉升機會，如此逐漸地讓世族內的人才轉化為國家的人才。這可以視為「人才公共化」的重要過程。

學校很重要，但如果沒有考試制度配合的話，不會有那麼多官員願意將子弟送進學校，接受國家提供的教育。兩者配合的效果，清楚反映在學科的變化移轉上。

03 家學轉公學，收奪世族的人才控制權

國子學、太學、四門學所教授的，主要是「經儒之學」，而在儒家傳統經典的基礎上，實質內容有著不同的重點。一個重點科目是「三禮」，也就是《禮記》、《儀禮》和《周禮》。這是從過去北方世族家學中對於「禮學」的強調傳承而來的。另外兩個重點科目分別是「三傳」——《左傳》、《公羊傳》、《穀梁傳》，以及「三史」——《史記》、《漢書》、《後漢書》。前者是古代史，後者則是近代史，也是原本世族家學中用來保留家世淵源記憶的重要文獻。

朝廷將原本世族家學中的內容置入國家學校中，再以此為考試內容，比較容易讓世族接受，

也才會有動機願意送子弟進學。如果世族子弟不進來，就無法發揮收納人才的作用，將人才進行由私而公的轉化了。

建立這套制度時，朝廷並沒有擺出為難世族、和世族對抗的姿態，而是相對友善地以原本世族家學中就在教和學的內容，設置了國家的菁英教育體系，世族子弟進到學校裡學的還是同一套東西，也很容易學得好，得到好成績，繼續維持在官場上的優勢。等到世族子弟大量進入這個體系，再慢慢收奪世族在政治人才上的控制權。

「經儒之學」教育內容的排序，反映了舊日世族家學所抱持的價值觀。不論未來的專科是什麼，都要先從《論語》、《孝經》讀起。《孝經》在南北朝愈來愈受重視，到了唐朝更提升到和《論語》同等的地位，作為教育開端的第一部教材。《論語》和《孝經》合稱「通經」，意思是所有人都該理解的普遍道理。

之後依照能力高下，區分出「大經」、「中經」、「小經」三種層級。「小經」指的是《易經》、《尚書》、《公羊》、《穀梁》；「中經」則是《詩經》、《周禮》、《儀禮》。「禮」的地位比「史」來得高，而《易經》被視為比較技術性的知識，所以地位上也不如提供人格教養作用的《詩經》。那麼「大經」呢？那是「史」中地位最高的《左傳》，加上「禮」中地位最高的《禮記》。

這樣的次第安排迴異於漢朝，和後來宋朝、明朝的理學傳統也很不一樣，這是來自中古世族家學的特殊背景。

04 朝秀異制傾斜，進士逐漸高於明經

國家設立的學校和考試間的關係，到玄宗朝有了明確的變化。面對世族，朝廷此時有了較大的優勢，於是採取進一步降低世族壟斷的措施。

四門學允許「庶人之俊異者」入學，原本並未明言什麼樣的人符合「庶人之俊異者」的標準。玄宗朝時有了明確的兩項規定，第一項是州縣的優秀學生，在地方上已經通過考試的，可以送進四門學來受教；第二項是到京師來考試（省試）卻落第的考生，也可以進四門學。

如此進一步開放了讓不具備中央官品子弟身分的人，即真正的「庶人」，可以進入國家的學校系統，而且將地方與中央的人才聯繫予以制度化。靠著在地方州縣考試的優異表現，可以到京城來深造；從地方取得了到中央考試資格的人，就算沒有考上，也能得到國家進一步的栽培。

也就是國家學校在原本的「身分制」之外，確立了另外一套「秀異制」，沒有背景的人可以單純憑著能力表現從地方崛起、進入中央。如此一來，前所未有的地方—中央直通人才管道建立起來了。

玄宗天寶九年還有另一項變革，就是在原本的「二館」之外，再多加了「廣文館」。從名稱上看，和原有的「弘文」、「崇文」很類似，但這個館的形式和作用其實大不相同。原有的二館

是皇族貴戚子弟學校，新的廣文館卻比較近似特別補習班。要進廣文館需符合兩項條件：一、已經在國子學中進學；二、有足夠程度和意願去考進士科。

這是朝向「秀異制」進一步傾斜的做法。到玄宗朝，進士科已經確立其在考試晉用制度中的至高地位，藉由廣文館的設立，不論身分，國家為那些顯現出特殊能力的人才提供具體協助，讓他們可以擁有和皇族、世家子弟同等的教育資源，在進士科考試上一爭長短。

科舉分科的重要性區別，隨著時間發展逐漸形成。「三傳」、「三禮」、「三史」等傳統世族家學內容之上，有了「明經」、「進士」、「秀才」等科。明經等於是經學總科，要求的不是對特定經書有所掌握的能力，而是對所有經書構成的經學展現一定的理解能力。這樣的性質，當然就高於源自經書分類的「三傳」、「三禮」、「三史」。

明經考的是學習成就，證明你對經書內容已經學得很多、很透徹了。進士卻不一樣，原本設計時要考的是學習潛力，意味著要檢別出「可進之士」，也就是類似儲備幹部的概念。

要如何檢別潛力呢？從考試科目來看，明經的重點放在測驗出對於經書的熟悉程度，所以「策論」相對沒那麼重要；但在進士科，「策論」卻是焦點。要能寫策論，顯現思考與表達的準備，才能說服考官你擁有能夠往上發展的特性。

進士科專注在策論上，對策論沒有足夠準備，就無法在這裡出頭，於是很自然地，進士科考生的策論水準平均一定是高於明經科考生的。也就是說，進士科策論的甲等和明經科策論的甲等，明顯地不對等。在明經科考試中可以拿到甲等的卷子，如果放到進士科裡，很可能只排到乙等，甚至丙等。到了玄宗朝，針對如此形成的差異，就進行了硬性的調整安排，規定明經科的策論卷只能評為丙等和丁等，只有進士科的策論卷才有可能得到甲等、乙等。

如此一來，等於是制度性地將明經和進士排出高下，獲得甲、乙等的進士當然高於只能有丙、丁等的明經了！

05 刻意破格、為寒門而設的制舉

明經、進士之外，還有「秀才」。唐代的秀才不同於宋代以降的秀才，非但不是科考中的下層功名，甚且還是最珍貴、最難考到的層級。秀才考試的資格不是自己可以報名的，需要經過地方推舉。而且秀才及第的名額極為稀少，考試分及格和秀才兩級，並不是所有及格的人都能取得秀才資格。設定及格標準是為了區分不及格的人，以此限制、規範地方不得隨意推薦。地方推薦來的人如果考了不及格的成績，推薦者是要被追究懲罰的。

這樣嚴格規定下，秀才後來就名存實亡了，前後開科三十年，總共只錄取了二十九位秀才，平均一年還錄取不到一人。甚至到後來，地方上有很大的呼聲要求停開秀才科，因為舉薦人才有風險，考生成績不佳，舉薦的人還要受罰，難免令人望而卻步。於是高宗永徽二年廢停秀才科。

秀才科之所以消失，還有一個因素：和「制舉」的功能重疊。制舉的特色是由皇帝當考官，以拔擢非常之才，所以地位最崇高，而且都會設定特殊的項目。唐代考試在考棚中進行，天黑了自己要準備蠟燭，天冷了墨會結冰也要自己想辦法，甚至有時候規定只能攜帶三根蠟燭，蠟燭燒完就看不到卷子了。但制舉就不一樣，因為是皇帝當主人，需要的東西都準備得好好的。

透過制舉，皇帝都找些什麼人才呢？高宗時開過一科叫「志烈秋霜科」，後來又開了一科「幽素科」。武后掌權時開過「臨難不顧徇節寧邦科」、「長才廣度沉跡下僚科」、「理選使孟詵試拔萃科」、「疾惡科」等。中宗時開過「才膺管樂科」，要尋找和管仲、樂毅同等級的人才。玄宗時徵選的是「哲人奇士逸倫屠釣」、「高才沉淪草澤自舉」等。代宗時開的科比較簡單些，有「樂道安貧科」、「諷諫主文科」。

到了德宗以後，制舉的科目大致固定下來，所開的不外是「賢良方正能直言極諫科」、「博通墳典達於教化科」等，不再有之前那樣五花八門的奇特名稱了。對比一下，難免要問：早期的制舉科別為什麼會這樣規定？像是「志烈秋霜科」，這要怎麼考、怎麼選啊？還有，要出什麼題目、如何揀選才能選到「才膺管樂」的人才？「樂道安貧」又怎麼能成為考試科目呢？

關鍵在於，制舉是皇帝用來對抗豪族的一種工具，是特別為寒門而設的，所以有一套清楚的價值。這些科別名稱主要是指向受到身分限制而懷才不遇的人。「長才廣度沉跡下僚」，這些不在框架裡的人才，得不到應有的位置。「高才沉淪草澤自舉」，這表現得更明白，有才華卻無管道可以被認識，因為管道被世族把持了，現在皇帝給你個特別機會，從底層自己推薦。「逸倫屠釣」則是形容居底層而有高才，卻淪落到和屠夫、釣客為伍。

這背後反映的，是和科舉相通的價值，對於那些被排除在世族掌控的人才管道之外的人，朝廷要予以協助補救。藉由制舉，朝廷明白表示他們是被埋沒了的人才。是什麼力量、什麼因素埋沒了他們？當然是世族對寒門的歧視態度。

制舉到後來的「正常化」發展，也是因為科舉發揮了作用，寒門和世族的差距不再那麼明顯。換句話說，在搶奪人才任用權力一事上，朝廷成功壓過了世族，也就不需要再以制舉這種刻意破格的方式來凸顯了。於是制舉逐漸變形為榮譽性質的，例如顏真卿、裴度、元稹、白居易、杜牧……，這些唐代名人都有制舉的功名，那是對他們的成就一種錦上添花的肯定。

06 從薛元超的人生遺憾看科舉下的唐代社會

考明經，策論沒那麼重要；但考進士，非得有寫策論的能力不可。這種狀況到高宗時就有了改變。進士的位階不斷提高，有人就主張應該再拉開和明經及其他科之間的距離。高宗永隆二年，在劉思立的建議下，進士又多考「雜文」二篇。但雜文真正要考的，其實是寫詩的能力。

進士愈來愈重要，這一科也就愈來愈難考。明經科平均一年大約錄取一百二十人，進士科只有大約五分之一。而且進士錄取的名額有很大差距，有一年只取一名的，有一年取六名的，最多的一年取了四十人。那麼難考，以至於當時有一句流行的說法：「三十老明經，五十少進士。」[11] 三十歲考上明經，人家會說三十歲才考上啊；但五十歲考上進士，人家的評語卻是五十歲就考上了啊！

昭宗天復元年的進士科，特別被稱為「五老榜」。這年一共錄取了二十六人，其中皇帝特別下令揀選出「久在名場，年齒已高者」（《容齋隨筆．三筆卷七》），於是同榜登科的有一位五十九歲、一位六十四歲、一位六十九歲、一位七十歲、一位七十三歲，是為「五老」。另有一位五十四歲，其實也接近「老」的門檻了。

就是因為進士那麼難考，所以在中唐的文人中，白居易有獨特的地位。白居易無論在政治或文學上，說話都很大聲，表現出很強烈的態度，他有條件如此張狂，因為他二十八歲就考上進士，而且是參加科考的第二年就考上了。這樣的進士資歷在那個時代簡直像奇蹟一般。

到了唐朝，政治地位的來源，從原本的門第轉成了科考。「五十少進士」反映的是大家願意付出這麼多年的時間一直考，因為要在官場上出人頭地，除了這個管道之外，其他的幾乎都沒有什麼作用了。

唐高宗時的一位宰相薛元超，曾留下一段名言。他自認命好，得到了讓別人羨慕的榮華富貴，不過回顧一生，仍然有三個遺憾。第一個遺憾，不是進士擢第；第二個遺憾，未娶五姓女；第三個遺憾，不得修國史。這段話充分顯現出唐代政治的特質。

薛元超是靠門蔭入仕的，就算一路升官到宰相的地位，卻都還是感受到門蔭出身和科舉進士出身所得到的差別待遇。從考取上榜時，進士科甚至就有和其他科不一樣的享受，在長安東南的曲江亭，有皇帝詔辦、邀請春榜進士和朝廷官員同樂的「曲江宴」；還有在長安平康里，最熱鬧的就是招待當科進士的盛宴。沒有進士資格的人，就享受不到這種人生最風光的待遇啊！

薛元超的第二個遺憾其實是和第一個遺憾連結在一起的。如果是進士出身，中了進士還未娶妻的，那麼宴會之後就會有世家大族來選婿，很自然地就能「娶五姓女」，和地位最高、最有名望的五姓七家[12]聯姻，取得世族的身分。

魏晉南北朝時，世族是政治與社會的雙重中心，要想取得政治地位，必須是世族；要想擁有社會地位，也必須是世族。到了唐朝，世族失去了政治上的保障，卻還是保留了社會上的巨大影響力。社會地位與政治地位分離了，科舉才是通往政治地位的有效管道，所以世族子弟也必須送去入學，看看能不能得到考試上的成就。如果實在考不出個名堂來，那還有另一個辦法，就是找

11 唐末王定保《唐摭言．卷一》載：「進士科始於隋大業中，盛於貞觀、永徽之際；縉紳雖位極人臣，不由進士者，終不為美，以至歲貢常不減八九百人。其推重謂之『白衣公卿』，又曰『一品白衫』；其艱難謂之『三十老明經，五十少進士』。」

12 五姓七家分別為：隴西李氏、太原王氏、滎陽鄭氏、范陽盧氏、清河崔氏、博陵崔氏、趙郡李氏。可參第四講頁一一八。

個有科舉功名的女婿。如此世族的勢力就和科舉的地位有了交流、交換。

這樣的交換、流動，對唐代社會影響深遠，甚至影響了「傳奇」觀念語文類的形成。從唐代以降，到吳敬梓《儒林外史》中寫〈范進中舉〉，一脈相承的是科舉考試帶來人生戲劇性轉折，考試提供了「翻身」的機會，可以徹底改變一個人的命運。由此開放了對於人生變化的想像，才會在那個時代突破原來的秩序與框架，有了破格「傳奇」存在的可能性。

從此之後，中國集體心靈裡就添加了窮困潦倒的讀書人如何一夕翻身的固定形象，尤其衍生出許多變形故事。從讀書時的遭遇（遇仙、遇鬼、遇狐……）到考試過程可能有的轉折，再到結果揭曉時的人際待遇大逆轉，附帶還有書生的婚姻、家庭如何因考試結果而改變……，這一切構成了中國說書、戲曲的核心，也是後來「才子佳人」主題的社會與思想源頭。「才子」是什麼？根本定義就是會讀書、有機會在考場揚名的人，他們身上具備激烈改變人生路途的潛力，才那麼適合做故事的主角。

和複雜的社會地位資源交換有關的，還有婚姻中「門當戶對」觀念的轉化。世族原本最講究門當戶對，婚姻一定要依照郡望高低來安排，但到了唐代之後，這種觀念一方面變得更普遍，不限於世族門第；另一方面也變得比以往更加複雜。而且這兩種變化發展是彼此相關的。

門當戶對到這時候主要著眼於互補，有錢的人家要找有功名的女婿，有政治勢力的人家要娶「五姓女」來提升自己的社會身分。因而會被捲入這種婚姻考量的人家性質更多元，數量也大幅增加。長此以往，就變成不論什麼身分、什麼地位，講到婚姻就都要考慮門當戶對，婚姻帶有高度的算計成分，牽涉到兩家複雜的社會背景因素，過去相對比較單純、素樸的婚姻型態基本上消失了。

這樣的婚姻，關係家族與地位的成分升高，關係個人與情感的部分就隨之下降。無論男女都很難期待在婚姻中尋求情感的連結與安慰，也就連帶地改變了像平康里這種地方的性質。從接待科舉勝利者的唐代平康里，一直到清末吳語小說《海上花列傳》所描述的上海妓院情況，「妓」所提供的不只是肉體情慾的發洩，毋寧是在僵化的家庭人際關係之外，比較自由的男女情感發展空間。

07 什麼是宰相中的宰相？兼看唐代官制

回到薛元超的第三個遺憾，什麼是「不得修國史」？

唐代官制中，宰相不是只由一人擔任，宰相是複數的，任何時候都有好幾位宰相。漢朝那種一人總領相權，作為朝廷官僚系統實質領導者的情況，到這時候早已經不存在了。中央官制中最重要的是「三省」——中書省、門下省、尚書省。中書省負責擬議，建議某件事該怎麼做。皇帝聽取建議、做出決定，寫下詔書之後交給門下省去研究，看看是否有和其他制度、政策扞格矛盾之處，是不是有窒礙難行的地方。門下省如果沒有行使封駁權，予以同意通過了，再交由尚書省執行。

理論上三省是這樣分工的，三省的首長都是宰相，然而落到實踐上，三個單位之間很容易有矛盾和衝突。也許是中書不滿門下的封駁，也許是尚書不滿中書做了難以執行的擬議，因而又設置了讓三個單位可以協調討論的「政事堂」，後來改名為「中書門下」。

不過協調這三個單位的會議，從來都不是三個人參加。如果覺得還有應該來政事堂或中書門下會議的人，就給予特殊的頭銜，包括：「知政事」、「參豫朝政」、「參議朝政」、「知門下省事」、「朝章國典」、「參議得失」、「參知政事」、「專典機密」、「平章國計」、「平章政事」、「同掌機務」、「參知機務」、「參掌機密」、「參謀政事」、「同知軍國政事」、「兼知政事」、「平章軍國重事」、「軍國重事宜共平章」、「同中書門下三品」、「同中書門下平章事」等等。戴上任何一個這樣的頭銜，能夠參與政事堂會議的，都是宰相。

如此一來，宰相有很多個，於是如果在眾宰相中還要有一位真正的領袖，那就再特別給他一個頭銜，就是「兼修國史」，這是宰相中的宰相。所以薛元超遺憾的是，自己當到了宰相，但只是群相之一，沒有真正到達頂點，成為相中之相。

唐代的這套制度，相較於漢代的政府組織與運作是混亂的。相權被分割了，也必然被矮化了，更麻煩的是，「宮中」與「朝中」沒有清楚的劃分。例如在漢朝的制度中，「大司農」管國家財政，「少府」則是管皇帝的私人帳戶，兩者是明確分開的。在唐代，這兩個單位被併成「太府」，不再分別屬於朝廷、政府的資源和屬於皇帝、宮中的了。

另外，又設立「內侍省」、「殿中省」管理宮廷事務，殿中省管皇帝生活相關事項，其他的就由內侍省負責處理。內侍省由「內侍」組成，成員都是宦官。剛設立時員額是五百二十七人，但後來一路擴張膨脹，到達四千多人。這也是唐代宦官問題的主要根源。為什麼有那麼多宦官？因為本來由各部門分工處理的宮中繁雜事務，現在都歸屬內侍省管轄範圍。內侍不斷擴權，以其獨特的身分形成了格外緊密的團體，是中晚唐政治上巨大的問題。

08 干謁、溫卷、自贊，考生的自我宣傳術

科舉制在唐代的發展，終於將南北朝以來的世族勢力進行了徹底的調整，讓朝廷得以奪回人才任用權。不過唐朝的科舉和宋代以降的科舉，還是有所不同。宋代科舉開始有了「糊名」的做法，就是考官閱卷時不會看到寫卷考生的名字。所以會發生像是歐陽修改到蘇軾寫的精彩卷子，誤以為是出於自己的學生曾鞏，為了避嫌而不給他第一名的事。

宋代以降，科舉對於防弊愈來愈講究，糊名之後又有統一抄寫的做法。擔心考官可以辨認考生的筆跡，因而又多添一層工夫，將考卷全部由專人謄抄一遍。長此以往，中國人考試特別講究這類的「公平」，就怕考官評分時有私心，有時甚至因此犧牲了考試檢別人才的作用。

唐代的科舉考試誰考得好、誰考不好，還有很多考卷以外的因素，不全靠卷子上寫了什麼。「廣文館」是許多進士考生齊聚的地方，也就成為考生努力創造自己知名度的重要場域，最好是進考場前就已經讓考官認得、記得你的名字，當然有助於取得較好的成績。

陳子昂就是一個擅長抬高自我知名度的文人。流傳下來的故事說，他曾經以重金買了一把名貴的胡琴，廣邀眾友來欣賞名琴，卻在聚會中戲劇性地將名琴摔毀，在眾人盡皆錯愕時表示，自己不通琴藝，但擅長詩賦，同時當場分發自己的詩賦作品。如此一來，長安城內人人傳頌，大家就都知道陳子昂的名字，也都讀了他的作品。而且他當時寫的詩，留有六朝道玄意味，鼓吹去除欲望，看破財富之虛妄，也的確和他捨得毀壞名琴、葬送重金的行為相應和。

到後來自我宣傳的做法也制度化了，要考進士，大致都要先做三件事：干謁、溫卷與自贊。「干謁行卷」是將自己的詩文送去給有可能當考官的人，附上自己的名片，祈望讀文章的人因此對你的名字留下印象。白居易干謁時，曾經將文章送到顧況那裡去，不過有趣的是顧況先對他的名字有印象、也有意見。叫「居易」的人跑到長安來了，而首都長安最大的特色就是百物價騰，「長安居大不易」啊！然後打開詩文，看到他寫的詩：「離離原上草，一歲一枯榮。野火燒不盡，春風吹又生。」顧況就順著稱讚說：能寫出這種詩，在長安也許就「居易」了，可以住得下去。後來白居易就藉著顧況的賞識中了進士。

這種有可能當考官的人，一定經常收到干謁的名片和文章，他可能看不了那麼多，也不會對每個人都有印象。所以送一次不夠，還要送第二次、第三次，這叫做「溫卷」。看到似乎有點熟悉的名字，就比較可能將文章卷子打開來品評。因為用這種方式激烈競爭著潛在考官的注意力，送去的作品可不能長篇大論，要能快速吸引眼光，最有效的當然就是詩，而且是近體詩。前面所舉的例子，讓顧況看了立刻有印象的白居易作品，就是一首精簡短小的五言律詩，[13]有其必然的道理。

不管是干謁或溫卷，都是送文件過去，沒有把握對方一定會收到。為了確保有機會讓對方留下印象，有時候還要從看門的層層打點起。如果真要確認對方能夠收到，那就要「自贊」，就是找機會在各種可能的場合，甚至包括在路上遇到對方，親自將詩文交納過去。

考試的功名涉及知名度，孤伶伶一個人在長安城要這樣出頭很難，於是又有了結黨相幫的需要，你稱讚我、我稱讚你，彼此肯定、彼此吹捧，要比一個人單打獨鬥有用多了。這在當時叫做「結棚」，「棚」指的是「考棚」，也就是為了提高考中機會而互相結盟、結黨的做法。結棚的人

13 白居易〈賦得古原草送別〉全詩為：「離離原上草，一歲一枯榮。野火燒不盡，春風吹又生。遠芳侵古道，晴翠接荒城。又送王孫去，萋萋滿別情。」

如果多了，膽子大了甚至還會「鬧棚」，對考試待遇或考試結果進行集體抗議，成為長安的特殊社會問題。

除此之外，考卷沒有糊名，使得考生和考官的關係很密切。考前就要想辦法認識、巴結考官，一旦考上了當然更是互動頻繁。這也就是中唐以後出現「黨爭」的一項背景。

09 牛李黨爭：中古門第勢力的最後集結

黨爭中最嚴重的，是分成了「牛黨」和「李黨」，「牛黨」領袖是牛僧孺，「李黨」領袖是李德裕。這兩黨鬥得那麼厲害，除了彼此的利益衝突之外，還有更根本、更難解決的出身差異。牛黨成員基本上都是進士出身，而且大多沒有世族背景，就算極少數有的，也是來自沒落世族。這些人一般都長於寫詩，才能進士及第。

相對地，李黨中幾乎沒有進士，而且很多人都來自山東世族，在科舉上是明經科出身。到這個時候，明經逐漸變成舊世族子弟的集結之處，透過考官與考生的關係，大量將世族子弟選入明經科。於是李黨實質上成了中古世族勢力的最後集結，而提供他們能夠如此迴光返照的，仍然是科舉。

有鑑於激烈黨爭的成因與在政治上造成的巨大破壞，所以到了宋代，必須針對科舉進行大幅的「近世轉化」。像是「糊名」、「抄寫」這些細節調整，以及像是明代訂定「八股」規範的大變化等，一直進行著。不過畢竟科舉的大部分精神與作用，還是在唐代奠定的，被保留到一九〇五年清廷廢科舉為止。尤其是朝廷擺脫了世家貴族出身的偏見來選拔人才，藉考試促進社會階層上下流動，這兩項特徵始終貫串保留著。

第九講

躍動的復古精神

01 記述議論用散文，發抒感受用韻文

詩在唐代有了重大的發展，但唐詩不能代表中國所有的詩，在此之前有六朝的詩，在此之後有宋詩。即使表面上看來是同樣的體裁，宋代文人寫詩時往往帶著清楚的意識，要寫出和唐詩不一樣的作品。宋詩與唐詩之間，其實有著精神與風格上的緊張關係。

宋詩中最重要的「江西詩派」，他們認同的唐代詩人，不是李白、杜甫，也不是白居易或李商隱，而是韓愈。之所以選擇韓愈，毋寧是源自他們心中對於「古文」的尊重與擁抱吧！在文章上，相較於詩，宋代文人對唐代有更高的肯定與繼承。講到文章，至今我們仍然推崇「唐宋八大家」，將韓愈、柳宗元和宋代的六位作者放在一起，視為同樣的一個派別，屬於同樣的一個傳統。宋代文人看重韓愈、柳宗元的，正是他們所發動和代表的「古文運動」，視自己為這個運動的繼承者。

中國文字不是表音的，在本質上必然會產生「文言分離」的獨特狀況，文字可以脫離語言而存在，並不依隨語言變化，擁有自身的生命。文字傳統中很早就形成了「韻文」和「散文」兩大系統。最古老的兩部文獻，《尚書》是散文，《詩經》則是韻文。也就是說，《尚書》的內容主要是以字的形體來承載、傳遞的，和這些字的讀音沒有太大的關係，完全不了解字的讀音無礙於

閱讀、理解《尚書》。《詩經》卻不一樣，其內容源自詩歌，是歌唱性的，有著明確的韻，文字保留了聲音，要理解韻，才能領略這些詩的寫法，才能感受詩中聲音所產生的韻律性。

這兩大系統的發展，至遲到漢代就出現了非常清楚的功能分別。簡單地說，記述和議論用散文來表現，韻文主要用來發抒主觀的感受。中國沒有西方式的「史詩」，也沒有長篇的「敘事詩」，那都是用韻文來說故事、來敘述的。雖然留下了像〈孔雀東南飛〉這樣的經典作品，但是放在中國文學史脈絡中看，那樣的作品是特例，是曇花一現的難得珍品，是逆反大主流所出現的異類。

大主流是散文負責客觀的描述與議論，韻文負責主觀的感受，散文的功能性比韻文強，其運用也比韻文要來得廣。從秦漢時期便建立起的「早熟的帝國」，必須依賴公家文書將帝國中的各個異質區域統合在一起，更助長了散文在功能性上的拓展。公家文書中的「詔」、「令」、「奏」、「議」，都是用散文形式書寫的。而從公家文書推衍到其他領域中所需的應用文，也是用散文形式書寫的。

如此就進一步深化了散文和韻文的差異。韻文本身就是目的，除了情感之外，還有聲音上的藝術性可以追求、完成；而散文卻帶著強烈的手段意味，是很有效的手段，是為了服務其他目的、更高目的而存在的。

02 六朝散文的駢儷化、非實用美感

這種劃分在漢代還沒有那麼清楚的高下分判，但到了魏晉時期，建安文學的風格與品味，就格外強調「無目的」的文學才是真正的文學、最好的文學。這是和六朝的貴族文化相應和的價值觀，輕視實用，凸顯只有貴族才能享有的非實用美感。現實是世俗的，地位比較低，必須要脫俗，也就是擺脫實用，才能彰顯清高。

魏晉的貴族文化帶有強烈的表演性，刻意誇張顯示和一般人不同的地方，一般人所重視的，在表演中就相反地被輕蔑以待。這樣的性格塑造了文學上的新意識，文學要離俗、要高蹈，於是具備實用性的散文，相較於沒那麼實用的韻文，就被貶抑下去了。

六朝的文學發展在於讓文字內在更加精細，聲音安排更加巧妙，所以流行「駢文」。駢文是「駢儷之文」，名稱本身就指出了排比對偶的特質，絕大部分的句子都是用四字或六字構成的，而且兩兩對偶，有時四四對偶，從字音到字義，甚至到字型都要講究對稱。

駢儷之文講究形式之美，寫作時必須將精力花在照顧排比、對仗的巧妙安排上，以至於往往就顧不到以這種華美繁麗的形式到底要表達什麼了。駢儷之文有著清楚外顯的形式之美，但形式琢磨得愈美，也就愈發顯現出內容的空洞，成了文字和聲音上的遊戲。

對於駢文的強調，到了六朝後半葉，改變了原本散文與韻文的關係。散文的功能性文字這時候駢儷化了，就連公家文書中的「詔」、「令」、「奏」、「議」，都要用華麗的駢文來寫，都要講究文義和聲音上的四六對仗。也就是原先屬於韻文的這種精神逐漸侵犯、進而淹沒了散文，以至於連朋友之間的酬答書信寫起來也都是嚴格四六對仗的。

尤其在南方，這種傾向格外嚴重，「宮體」詩文極度絢爛，成熟甜膩到幾近腐爛的地步了。隋煬帝喜愛、羨慕的就是這種南方的華麗侈靡。但到了唐朝建立後，開始出現要建立新朝代風格的意識，再加上來自北方的不同文化標準，於是就產生了對於這種風格的批判與反對。

03 第一波復古：陳子昂、李白「返遠古」

初唐文壇中，陳子昂占有特殊的地位，一部分就來自他最早提出批判六朝侈靡的主張。他在〈與東方左史虬修竹篇序〉中說：

文章道弊五百年矣！漢魏風骨，晉宋莫傳，然而文獻有可徵者。僕嘗暇時觀齊梁間詩，採麗

> 競繁而興寄都絕，每以永嘆。

文中明白標示了「五百年」，也就是從唐代往上溯至漢魏的時間。漢魏文章的精神，從晉以下就失傳了，取而代之的是南朝的詩，將注意力都放在「麗」與「繁」的追求上，以至於遺忘了文學應該要有的真誠感受與思想表達，令人遺憾嘆息啊！

這是陳子昂在唐初的「新時代宣言」，將漢魏之前視為理想典範，相對地後來的六朝則是墮落、敗壞的，內中就包含了「復古」的態度。

繼承陳子昂這種態度再加以開拓的，是李白：

> 大雅久不作，吾衰竟誰陳？……
> 廢興雖萬變，憲章亦已淪。
> 自從建安來，綺麗不足珍。
> 聖代復元古，垂衣貴清真。……
> 我志在刪述，垂輝映千春。……（〈古風．其一〉）

他自己所處的是衰世，在動盪變化中雖然有了新朝代，但美好的典章沉淪不見了。衰世的劃分起點，是曹魏的建安年間，從那之後風格綺麗，沒有真正的好東西。所以當前該做的，是「復元古」，回到那種素樸純真的狀態。最後他口氣很大，表示要做這個新時代的孔子，像孔子刪《詩》、《書》那樣，恢復「元古」的文化，一路百年、千年傳下去。

這是唐朝的第一波復古運動，重點放在詩上，而不是文。這一波復古的思想明確地提出要「返遠古」，也就是揚棄剛剛結束的那個時代，以在此之前被六朝取代的漢魏風格為理想，矯正錯誤的發展。

陳子昂、李白寫出了和宮體詩很不一樣的韻文作品，去除了華麗細緻的文字與聲音，將許多相對較為散文化的詞句放入詩中。同時放大了詩的篇幅，增加了詩的內容上的關懷，讓詩不只限於對閨房內景的描述。

不過陳子昂、李白所代表的這波復古運動，在時間上和近體詩規律的形成重疊，而近體詩的嚴格規律，和他們提倡復古所要展現的自由「清真」彼此牴觸。陳子昂、李白都不愛寫近體詩，多用古體，但那是近體詩正在興起的時代，這樣的時代氣氛就將他們的復古呼聲給壓下去了。他們的復古是要將詩從形式的約束中解放出來，得到開闊的空間，但大環境走的卻是創造一種新形式、新規範的方向，包括為了因應科舉而讓詩變得更精練、更簡約。

04 第二波復古：韓愈、柳宗元的古文運動

韓愈、柳宗元帶領的是第二波復古運動，也就是後世所稱的「古文運動」，文體的重點從韻文轉到了散文。韓愈找到了一個對的載體來推動復古的精神，不是以詩來復古，而是以文，就取得了比陳子昂、李白他們更醒目、更堅實的改革成就。

傳統上講到韓愈的文章，一定要提「文以載道」的信念。這個信念是復古精神中的一部分，針對六朝文章中只注意表面華美而不在乎內在訊息的傾向。從建安以降，標舉形式之美，抬高形式的重要性，並將沒有目的、單純創造文字聲音美感的文章視為最高等。「文以載道」就是要強調文章本身不是目的，而是為了所記錄、所表達的真理而存在的。

不過在談文章道理時，除了「文以載道」外，韓愈更凸顯「文道合一」。「文以載道」規範要先有想傳遞的訊息、道理、信念才寫文章，不要為寫文章而寫文章。「文道合一」則進一步講究什麼樣的人寫什麼樣的文章，要寫自己真正知道、真正相信的。「道」就是人的基本信念、基本態度，文章不能離開寫作者的信念與態度，文章應該忠實反映寫作者具備什麼樣的人格與修養，是個什麼樣的人。

韓愈提出了比「文以載道」更高一層的理想，主要的核心概念在主張文章和作者不能分開。

這是復古運動和六朝文章觀念最大的差異。復古所要回復的，不只是先秦、漢魏古人寫文章的方法，毋寧是要回復他們看待文章的方式。的確，從周代王官學沿著儒家、經學一路傳承下來，有一份對於人與文關係的堅持。簡言之，壞人寫不了好文章，好人也不可能寫出壞文章，文章可以如實地反映一個人的根本人格價值。

這樣的信念在六朝名士貴族文化中動搖、改變了。名士的生活本身就是分裂矛盾的。背後是亂世中必須勉強維持的家族秩序，外表則是為了凸顯貴族身分而產生的種種豁達、甚至狂亂的表演。源自儒家的禮學秩序和虛玄的道佛新思想，在他們身上同時並存著，他們一方面搖著塵尾談玄道佛，轉身又寫依循四六對仗規則的駢文。

陶淵明之所以在六朝如此突出，正因為他是那個時代中少有的內外合一、不分裂不矛盾的人，在他的詩中寫出了真切的生活信念與體驗。

韓愈清楚從六朝而來的這種矛盾分裂，所以主張越過六朝，重新接觸文與人合而為一的原則、境界。文章應該「有我」，有一個真實的作者在那裡，是誰寫的就反映他所相信的，也是他希望說服別人接受的。

05 韓愈：復古是「得其心」而非「逐其跡」

韓愈最有名的文章之一，是曾經給他帶來大禍害的〈諫迎佛骨表〉，在呈給皇帝的文章中大肆抨擊佛教。文章中最主要的批評意見是佛教是外來的，但其實這不是韓愈反對佛教最重要的看法。更根本的是佛教要人清淨清空，如果到達佛教追求的清靜清空，人就沒有什麼立場，也沒有什麼主張要表達了。韓愈更核心的精神，在於提出一份徹底逆反佛道的「人」的觀念：人要有「我」，要有信念、要有價值，而文章必須出於這樣「有我」的人，才有意義，也才值得書寫。

與韓愈同時代的張籍，基本上是同情韓愈的，他也認為不該忍受那麼多空洞的文章，應該反對這樣的風習。他寫過一封信給韓愈，信中一方面表示支持韓愈的立場，文章應該承載世間的真理，另一方面也提出了一項質疑。從歷史上看，春秋戰國到漢代，也就是韓愈所推崇的「古文」的時代，會寫文章的人偏偏寫的都不是「文章」，他們寫的是「書」，一本一本完整的著述。因而如果真要實踐復古，那韓愈你是不是也應該去寫書呢？這才是恢復傳統的徹底做法吧？

韓愈回了信，但信的內容看起來頗心虛，應該尚未想清楚。要再過好幾年，韓愈才終於找到更堅實的道理，將比較成熟的想法寫在一篇名為〈送高閑上人序〉的文章裡。他特別提到寫草書的張旭：

往時張旭善草書，不治他技。喜怒窘窮，憂悲、愉佚、怨恨、思慕、酣醉、無聊、不平，有動於心，必於草書焉發之。觀於物，見山水崖谷、鳥獸蟲魚、草木之花實、日月列星、風雨水火、雷霆霹靂、歌舞戰鬥，天地事物之變，可喜可愕，一寓於書。……

張旭只寫草書，其他什麼本事都不會，也都不在意。所以心中任何的情緒，他都用草書來記錄、來表達。遇到任何經驗，無論是遊山玩水，與自然相遇，乃至於人間事物中最美好的和最激烈的，他都表現在草書上。所以他的草書能寫到那種程度，那麼美又那麼極致。

他繼續說：

故旭之書，變動猶鬼神，不可端倪，以此終其身而名後世。今閒之於草書，有旭之心哉！不得其心而逐其跡，未見其能旭也。

如此用生命全幅去寫草書，張旭的草書中就包納了一切，具備一種神祕的完整性，彷彿一切的變化可能性都含藏在其中。草書總結了他的一生，也讓他留下身後之名。先這樣描述了張旭與草書間的關係，韓愈接著簡單稱讚高閒，說他的草書之所以寫得好，是因為有張旭的「心」，而不是單純追逐、模仿張旭寫出的字跡。只模仿字跡而不能體會張旭的「心」，是不可能寫出張旭那樣的草書的。

在這裡顯現了韓愈成熟的態度，更確切地回應了張籍的質疑。所謂「復古」，不是重複說古人的話，而是用古人的本真方式說自己的話。孟子、揚雄的文章俱在，哪需要韓愈在這個時代再寫一次同樣的呢？那種做法是「逐其跡」，但重要的是「得其心」。

復古恢復的是古代文章的精神，強調文章的形式應該要配合內容，讓內容能夠充分表達，而不是倒過來讓內容服務形式。看到張旭的草書寫得那麼好，就模仿已經在那裡的字把它寫出來，如此「逐其跡」的做法絕對不可能寫出好字，因為沒有碰觸到張旭將一切都投注在草書上的那種生命型態。不是那樣的人，就寫不出那樣的字。

06 反對模仿前人，寫文章要有自我風格

許多證據都指明，韓愈鼓吹的「古文運動」不是要模仿古人。在另一篇重要的文章〈南陽樊紹述墓誌銘〉中，他說：

> 多矣哉！古未嘗有也。然而必出於己，不襲蹈前人一言一句，又何其難也。必出入仁義，其

富若生蓄，萬物畢具，海含地負，放恣橫從，無所統紀。

世界上存在那麼多的事物與現象，很多根本不是古時有的，然而當要以語言文字來表達時，我們卻總是必須運用古人傳留下來的說法，完全自我創造簡直不可能。一定要認知的是萬物如此多樣豐富，不是既有的文字和秩序能夠統納的。

在〈答劉正夫書〉中又說：

若聖人之道，不用文則已，用則必尚其能者。能者非他，能自樹立，不因循者是也。

聖人的道理極其高妙，不一定都能以文字表達，如果要訴諸文字，就應該找有本事的人來寫。什麼樣的人是有本事的？沒別的，能夠創造自我風格，不抄襲、不沿用別人寫的，才是有能力的人。

韓愈是個心高氣傲的人，他明確地反對模仿前人寫作。他所說的「古」，是用來反對「今」的，藉由「古」來反襯「今」的墮落不堪，關鍵在於革除現在的流行，如此開放出可以說真話、可以創造自我風格的空間。「復古」不是將古代的東西搬過來複製，那樣就掉入了張籍的問題裡——為什麼你寫的和古人寫的不一樣？古人寫書你卻寫文章？面對這個問題，韓愈原先說不清楚，後來他想清楚、也說明白了。

韓愈不只有想法、有理論，他還有可以實現想法、理論的作品。在韓愈之前，李翺也提過復古的主張，但李翺自己承認，困難在於跨越當下的風格，去寫出有古風的好看文章。有理論，卻寫不出自己的理論中認定應該寫的那種文章。

韓愈加上柳宗元，之所以影響力那麼大，是因為他們寫出了讓當代人不得不服氣的文章。蘇軾對於唐代文學的形容是：「其後學韓而不至者為皇甫湜，學皇甫湜而不至者為孫樵。自樵以降，無足觀矣。」（〈謝歐陽內翰書〉）到了宋代，大家都想學韓愈，但大部分的人都學不成，勉強學得像皇甫湜。皇甫湜也不好學，志氣沒那麼高的，退而求其次想學皇甫湜，但還是很多人學不像，勉強只到達孫樵的水準。至於那些連孫樵都學不來的，就沒什麼好看、沒什麼好說了。

為什麼那麼多人想學韓愈，卻又那麼難學？因為韓愈寫出和人家不一樣的東西，很新鮮、很吸引人。他會刻意尋求不重複時人的寫法，他寫的並不是真正古代的文章，而是有著強烈自我風格的，光靠模仿古人是寫不出那種文章的。更重要的，他的文章往往都有清楚的主張，有一套綿密的論理，沒有主張的人寫不來，沒有邏輯論理根底的人也寫不來。

07 柳宗元：文以明道，得其心而逐其跡

韓愈不是要單純地「文以載道」，也不是要單純地復古。韓愈之外，柳宗元也在〈答韋中立論師道書〉中，表明了他對文章的看法：

始吾幼且少，為文章，以辭為工。及長，乃知文者以明道，是固不苟為炳炳烺烺，務采色、誇聲音而以為能也。……故吾每為文章，未嘗敢以輕心掉之，懼其剽而不留也；未嘗敢以怠心易之，懼其弛而不嚴也；未嘗敢以昏氣出之，懼其昧沒而雜也；未嘗敢以矜氣作之，懼其偃蹇而驕也。……

小時候不懂事，寫文章都專注於鍛鍊文句，長大後才明瞭文章真正的目的是承載、闡明道理，於是寫法就改變了，不再任意以好聽的聲音、華美的詞藻來自我標榜。然後就有了幾項自我要求的守則：寫文章時不能掉以輕心，那樣會流於俗，和別人一樣，就無法傳留了；不能偷懶，一偷懶文章就鬆散不嚴謹了；不能迷迷糊糊，那樣文章就雜亂不純粹了；不能驕傲，一驕傲文章就不誠懇了。

他接著說：

抑之欲其奧，揚之欲其明，疏之欲其通，廉之欲其節，激而發之欲其清，固而存之欲其重，此吾所以羽翼夫道也。本之《書》以求其質，本之《詩》以求其恆，本之《禮》以求其宜，本之《春秋》以求其斷，本之《易》以求其動，此吾所以取道之原也。……

還要有相輔相成的琢磨工夫。學會如何讓文章低調而能表現深奧的內容，如何讓文章高昂明亮，如何寫得通順，如何寫得簡潔而不拖泥帶水，如何去除雜質，如何增加分量使其凝重不輕佻，這些都是為了更有效地傳遞道理的手段。

再來，是向至高的經書學習。不同的經典有不同的風格，可以給予文章不同的素質，從《尚書》那裡學習質樸，從《詩經》那裡學習表現恆常的人情，從《禮記》那裡學習什麼是合宜的態度與口氣，從《春秋》那裡學習表達評斷意見，從《易經》那裡學習變化靈動。這就不只是表現道理的手段，而是探觸道理的根源。

如此還不夠：

參之穀梁氏以厲其氣，參之《孟》《荀》以暢其支，參之《莊》《老》以肆其端，參之《國語》以博其趣，參之《離騷》以致其幽，參之太史公以著其潔，此吾所以旁推交通而以為之文也。

還有幾部重要的文章示範，必須認真參考，深化對文章的理解。《春秋穀梁傳》的文章長處在堅決的語氣，《孟子》、《荀子》在精妙安排複雜的旁枝，《莊子》、《老子》在發散與寬闊的精神，《國語》在於有眾多趣味的故事，《離騷》在創造幽微的氣氛，太史公的《史記》則示範了乾淨漂亮的敘述手法。

如此，柳宗元強調了寫文章所需的種種準備，顯現要寫好文章有多麼不容易，同時又從文章風格及長處的角度，評點了古代的重要著作，表現出他自己對於這些著作的認識。這也就是「得其心而逐其跡」，徹底認識古人的內在心意，再探究其外在行文，如此才取得了能夠復古的條件，具備了更有效表達自我意見的能力。

韓愈說「文以載道」、「文道合一」，柳宗元則說「文以明道」，閱讀文章是為了認識道理、發現真理。文章不能離開這個目的，也必須依照這個目的去鍛鍊、去琢磨。

08 從《唐文粹》看古文運動的影響

韓愈、柳宗元的復古，改造了散文的基本性質，提高了散文的地位。六朝時，韻文大幅侵奪散文的領域，連許多應用文都改以韻文來寫，但到了韓、柳，他們給了散文新的地位。這時高度發展的詩有了許多的因襲套路，瀰漫著彼此抄襲的味道，也就離「道」愈來愈遠。詩無法表現個人的體會，以及對宇宙世界的認識、對真理的探索。散文比詩更接近這些根本的追求。

詩有太多形式上的限制，寫來必須不斷考慮並配合文字、聲音的框架，散文相對是比較自由的。而且散文原本就帶有工具性，於是站在「弘道」——探索和傳遞真理——的立場上，反而比詩更重要。散文比詩更接近真理、真情，真情是自己感受的，真理是自己相信的，要讓別人感受、說服別人也相信，只有靠散文。在表達真情、真理上，散文比詩更有效。

於是從韓愈、柳宗元以降，不只是散文有了不同的寫法，散文和韻文的關係也有了不同的性質。中唐之後，散文可以和韻文平起平坐，散文創作成為新的重點，在氣勢與成就上都壓過了習慣成自然、呈顯疲態的詩。藉著復古的觀念，散文翻出了新面貌，灌注了新能量。

散文這個領域打開了很大的空間。要了解這部分的發展，最簡單、也最有效的方式，就是查看一下《唐文粹》。這是一部一百卷的大書，在北宋初年，也就是唐朝結束後沒多久由姚鉉編成的。宋朝建立後，依循中國傳統朝代慣例，要整理前朝的歷史，很明顯地，宋人眼中看到的唐朝，首先就是一個文風鼎盛、文章有高度成就的朝代，所以很快就編輯存留了《唐文粹》。

對於唐代文章的蒐集整理工作，比詩還更早。《唐文粹》一百卷有著很特別的分類，如果拿來比對在此之前的經典文章合集《昭明文選》，我們就能清楚看出唐代文章的特色。

《唐文粹》中，第一到九卷是「古賦」，就是從漢賦沿襲下來的文體；第十到十八卷是「詩」，是很特別的以文入詩的作品；第十九到二十二卷是「頌」；第二十三、二十四卷是「贊」；第二十五到三十卷是「表奏書疏」，也就是朝廷上用的文章；第三十一到三十三卷，有個奇怪的分類，叫做「文」；再來第三十四到三十八卷是「論」；第三十九到四十二卷是「議」；第四十三到四十九卷，又有一個奇怪的分類，叫做「古文」；第五十到六十五卷是「碑」；第六十六到七十卷是「銘」，銘文和碑銘其實很接近；第七十一到七十七卷，叫做「記」；第七十八卷是「箴誡銘」；第七十九到九十卷是「書」；第九十一到九十八卷是「序」；第九十九、一百卷，叫做「傳錄記事」。

對照一下，除了第三十一到三十三卷的「文」之外，前面四十二卷的分類，《昭明文選》中大致都有。然而後面大半部分的類別，則都是《昭明文選》中沒有的，或置於邊緣不重要的。

首先，《唐文粹》中的碑文比《昭明文選》中的重要得多。將「碑」和「銘」兩類加在一起，一百卷中占了二十一卷。在這點上，清楚反映了韓愈的影響。在此之前，碑銘在散文中原本是最固定、甚至到僵化的形式。這種刻在石頭或木頭上的文字，一般就是填些冠冕堂皇的客套話，沒有什麼個人發揮空間。然而即便是這種文體，到了韓愈手中，他也能翻出新意，寫得淋漓生動。

韓愈寫了很多墓誌銘，那是他的一項收入來源。他的寫法不套公式，以他「載道」的根本精神去總結一個人的生命經驗與意義，讓出錢的人大為感動，吸引了更多人出更高的價錢拜託他來寫。很快地就有人仿效韓愈的方式寫碑銘體文章，於是改變了這種體裁的寫法，抬高了其地位。

另外，突出的還有占了七卷篇幅的「記」，這個文體的發達則主要受到柳宗元的影響。

「記」在韓愈作品中並不常見，卻是柳宗元最愛寫、也最擅長寫的一種文體。「記」指的是小品雜記，像是他被收入許多選本的名文〈黔之驢〉，成語「黔驢技窮」來源的這篇文章，就是「記」。還有〈臨江之麋〉、〈永某氏之鼠〉，都是「記」。此外，〈種樹郭橐駝傳〉的篇名雖叫做「傳」，但實際內容也是充滿趣味故事的小品，也是「記」。

柳宗元寫的「記」，有時以「說」題名，例如〈捕蛇者說〉、〈謫龍說〉、〈羆說〉、〈觀八駿圖說〉等，寫的內容屬於雜說雜記。《昭明文選》裡沒有這種體裁，但在唐代變得很普遍，也很重要。雜說雜記是作者從主觀角度對於生活的小感悟、小反省，選擇趣味故事，以接近寓言的方式表現，是一種以小見大的寫法。

再看看《唐文粹》中占了十二卷的「書」，也就是書信。魏晉以降開始流行「書牘」，那和書法的「帖」有著密切關係。不過六朝人的「帖」往往很簡單，就是寥寥幾句，仍然保留了高度私人傳訊的性質。然而在唐代古文運動之後，「書」成為正式的文體，主要用來向朋友表達、論說意見，有著明確的對象。這種體裁最適合以帶有感情的語氣來發抒、解釋自己的信念，尤其是表達自己不同於流俗，或容易被誤解的想法。在一對一的親近關係中，可以傾心將想說的話都說出來。

韓愈說明什麼是古文、為什麼要提倡古文的文章，很多都是刻意找了適當的對象，用這種書信體寫成的。前面引用柳宗元談古文的內容，來自〈答韋中立論師道書〉，也是一封書信。之前韋中立寫了一封信談到老師與師道，然後才有柳宗元的答書。

09 古文是新興的，古文之前是落伍的

另一個重要的文體，是占了八卷的「序」。「序」指的是前言，書序就是放在書的最前面，引導、解釋後面書的內容的。〈蘭亭集序〉就是輯錄了在蘭亭集會中大家所寫的詩，由王羲之在前面寫的一篇序，說明這些詩的來歷。不過到今天，《蘭亭詩》基本上沒人讀了，倒是〈蘭亭集序〉成為書法和文學上的雙重經典，一直傳留下來。

從〈蘭亭集序〉的例子可以看出，「序」這個原本附隨性的文體，逐漸取得獨立的地位，到

《唐文粹》就自成一類了。

這樣的發展在唐代極為突出，例如李白除了詩之外的作品蒐集編為《李太白文集》，一共五卷，其中有兩卷是「序」，而且裡面收錄的很多是「詩序」。隨著詩的流行，詩人寫文章的其中一個動機，就是在詩作前面說明在什麼情況下、為誰寫了這樣一首詩。出於這樣的需求，所以序不可能長篇大論，進而也就取得了特殊的情感地位，通常記錄的是一段濃厚情緣，濃厚到必須寫詩來應答或致念。

到後來，序的內在情感特性甚至超越了原本的形式規範，而出現了「無詩之序」。要言簡意賅、紙短情長地表達感動時，就寫一篇序，不必再管有沒有詩跟隨在序之後。序從說明詩的文章，變成了代詩之文，有序就可以不必再有後面的詩，也可以用序來互相酬答。相對於詩，序更自由，也就更容易創造一種抒發真情的氛圍。

《唐文粹》最後兩卷是「傳錄記事」，其實就是我們一般所說的「唐傳奇」。關於「傳奇」和古文運動之間的關係，向來有著兩種截然相反的說法。一種說法認為，古文運動受到流傳在民間的傳奇影響，看到那樣活潑、遠離駢儷形式的語氣和敘事方式，刺激了想要擺脫「今文」限制的衝動，催生了回返「古文」的主張。不過錢穆則認為，影響的主客應該倒過來，先有古文運動打開了語言文字空間，才產生了傳奇中那樣生動的敘事。由於史料不是那麼多，很難判斷哪種說法比較接近史實。

再回頭看看《唐文粹》中的「文」和「古文」這兩個分類。一百卷中所收的，哪一篇不是

「文」？如果不是「文」，又怎麼會被收進《文粹》裡？怎麼還會生出一個「文」的類別來？這就必須將「文」和「古文」兩類放在一起比對，還要繼續和《昭明文選》比對，查看姚鉉在這兩類中各自放進了什麼樣的文章，才能解答。

「文」中所收的，大致就是在古文運動發揮作用之前，像是理所當然可以收入《昭明文選》的文章，但又沒有明確的體裁可以安置，就放在這類中。也就是說，「文」和「古文」是對應的，不能歸納到其他文體中的文章，姚鉉細心地依照其寫法、風格，再分成兩類，一是「文」，一是「古文」。

這意味著到姚鉉編《唐文粹》時，他清楚意識到有一種文章是用新興、流行的古文風格寫的，另有一種則是在古文之前所流行的風格，已經被古文邊緣化，是快要被古文淘汰的風格。他強烈感受到這兩者之間的差別，知道兩者有不同的精神、不同的目的，因而不能把它們放在一起，一定要分開。

在北宋初年已經明確區分出來，「古文」是新的現象、新的發展，古文之前是屬於舊的、落伍的「文」類，由此彰顯出文學史的道理與脈絡。

10 如何對韓愈、柳宗元的成就進行排序？

傳統上，說到古文的成就，說到唐宋文，必定是韓愈帶頭，柳宗元跟隨其後。但到了近代，這樣的排序引發了一些爭議。開啟其端的，是胡適對韓愈提出了強烈的批判。胡適特別有意見的，一是韓愈寫〈諫迎佛骨表〉時那麼有骨氣，怎麼被貶謫了之後，就馴服不再寫這種抗議文章了？還有，韓愈寫〈祭鱷魚文〉，留下了因為這篇文章鱷魚就跑光了的神話，這要嘛是愚民，不然就是提倡迷信，讓崇信「賽先生」的胡適很受不了。

不過胡適還有從文學角度反對韓愈的更根本的理由，那就是韓愈雖然有功於推翻四六駢儷之文，以古文代之，卻為德不卒，他自己寫詩就常常愛用僻字險韻，阻礙了白話文的發展，違反了胡適所認定的文學進化原則。

相對地，胡適比較欣賞柳宗元，尤其是柳宗元一些用字較為淺白的山水文章，以及充滿世俗趣味與世俗智慧的雜說。所以胡適主張柳宗元的地位應該高於韓愈。後來劉大杰寫《中國文學發展史》，也同樣認定柳的成就高於韓。韓愈的形象愈來愈差，「文以載道」的口號也觸犯了新時代對於文學浪漫主義的理解，以至於還有人做文章考據說韓愈是得了花柳病去世的，引來韓愈的後人向臺灣法院控告作者誹謗，成為一樁歷史與法律莫名交錯的奇案。

客觀來看，韓愈文章的原創性與多元性都超過柳宗元，不過柳宗元大部分文章的完成度是高過韓愈的。也就是說，韓愈勝在文章的不同流俗，柳宗元勝在文章的飽滿緊實。至於考量對後世的影響，那當然還是韓愈遠超過柳宗元。韓愈寫了兩篇關鍵文章，對於宋代之後的中國思想動向產生了巨大作用，一篇是〈原道〉，另一篇是〈師說〉。

〈原道〉用唐朝的觀念和語法，重講了一次儒家的基本信念，說明從儒家角度所信奉的終極原則到底是什麼，而且明確地和當時流行的佛教、道教思想區別開來。文章闡述了關於「道」的幾個重要觀念，該如何理解，以及它們彼此之間的關係是什麼。文章並不長，卻有著既清晰又包容的理路。這是儒學（非唐代流行考試用的經學）重振、復興的第一聲，開啟了宋代理學的開闊局面。

宋代理學是在佛教、尤其禪宗的激烈衝擊下，要重新解釋人文秩序，徹底省思是非善惡的標準，而韓愈的文章最早指出了方向與道路，召喚了後來理學的思考方式，也設定了基本的議題。

〈師說〉則是重新定義、也重新振興了老師的地位與意義。中國歷史上，老師這個角色經歷了斷層，從孔子開始一直到漢代的「經師」，老師的身分很清楚，地位也很崇高。然而自魏晉南北朝到唐代，那樣的老師基本上不見了。不只是像孔子那樣的人師沒有了，就連像鄭玄、馬融那樣的經師也失傳了。唐代經學中地位最高的文獻，是孔穎達編的《五經正義》，卻沒有人會將孔穎達和鄭玄、馬融相提並論，老師的地位和角色基本上沉淪了。

韓愈的〈師說〉復興了老師的角色。到了宋代，理學的興起相當程度上就是靠著像孫復等少數幾位名師，他們同時也是大儒，老師成為文人文化中傳承的樞紐。到了宋代，產生了一套關於老師的觀念與論述，不只和書本、教育有關，在社會上老師的能見度與重要性也持續提高。這一切都源自韓愈，是韓愈開創了特殊的唐宋文化連結之處。

第十講

藩鎮的歷史作用

01 府兵制的運作與「不課戶」的代價

府兵制是西魏宇文泰建立起來的，到隋文帝開皇年間，「府兵」和「均田」互相配合，形成新帝國的骨幹。不過隋末大亂，府兵制遭到破壞。到了唐朝建立後，雖然很快恢復了府兵，但也進行了一些重要的改革。

唐初的府兵制是將關中地區分成十二個「道」，每個「道」設一位統帥加一位副統帥，負責該地的「耕戰」，也就是平時安排農耕生產，戰時動員組織成為軍事武力。

這必須從關中做起，因為府兵牽涉到戶籍，列入府兵意味著可以分田，但在租庸調中屬於「不課戶」，不需要負擔一般的租庸調。為什麼那麼好，可以有這種特殊待遇？因為府兵不只要上戰場，還要準備自己的武器配備，「不課戶」的待遇是補償他們在這方面的花費。唐高祖時，只能在關中地區恢復府兵，因為那裡戶籍制度比較健全，能夠有效管理。

府兵從關中逐漸擴展到全國各地，到了太宗貞觀十年，才又變成全國性的制度。全國一共開了六百三十四個「折衝府」。高祖設立的「道」被升級了，原來關中分十二個道，這時候是全國才分為十個道，[14] 仍然統管府兵的耕戰，但每個道負責的範圍很大。「道」之下有「折衝府」，哪裡有軍事組織的需要，就在那裡「開府」，即設一個折衝府。折衝府依照規模分為三等，「上府」一千兩百人，「中府」一千人，「下府」八百人。

設一個上府，就是將周遭附近二十歲到六十歲的男丁，從中挑選一千兩百人列為府兵，同時他們也就在既有的租庸調戶籍上成了「不課戶」。如果只看表面，這項維持兵農合一、提供朝廷軍事力量的制度很簡單，也很完整。但細看就顯現出很多沒那麼簡單、沒那麼完整的問題。

首先，全國分為十個道，平均起來，每個道應該有六十多個折衝府，但實際上的分布不是這樣。光是關內道就有兩百六十一個折衝府，占了超過四成；加上河東道一百四十一個，河南道六十二個，這三個道占了折衝府的百分之七十以上。

也就是說，貞觀十年的這套制度，基本上仍然將府兵放在關中及其鄰近地區，並沒有真正推到全國各地。理由是要有充分武力來衛護京畿，另外這個地區在行政上相對比較先進完備，授田也處理得比較好，有可以開府的條件。

還有一項國家財政上的理由也很重要，那就是一旦開府，部分丁男成為「不課戶」，租庸調的收入必然減少。如果真的全國各地都開府，國家財政會承受很大的壓力。

府兵制的好處是國家不養兵。這些人平常就是農戶，在土地上耕種生產，養活自己，有事時

14 這十個「道」分別為：關內道、河南道、河東道、河北道、山南道、隴右道、淮南道、江南道、劍南道和嶺南道。「道」也是行政上的劃分。

轉成部隊，還帶著自己準備的武器配備來報到。國家不耗費用養他們，也不用出錢儲備輕武器，當然就必須用「不課戶」的條件作為補償。

《新唐書·兵志》中清楚列出了府兵必須自備的物品，可不是拿一把刀、一桿槍加一隻小圓鍬就可以去打仗。府兵最小的單位是「火」，一個「火」是十人，今天我們說的「伙伴」就是從兵制來的。每一「火」要準備六匹馱馬，還要準備烏布幕、鐵馬盂、布槽（布製馬槽）、鍤、钁、鑿、碓（舂米的用具）、筐、斧、鉗、鋸各一個，甲床兩個，鐮刀兩把。五個「火」構成一個「隊」，「隊」要負責準備火鑽、胸馬繩、首羈、足絆。每名府兵要自備弓和箭，要帶各種工具和衣裝，如胡祿（裝箭的器具）、橫刀、礪石、大觿（解結的錐子）、氈帽等等。還要帶自己的糧食，報到時就要有麥飯九斗、米二斗。

這麼多東西！所以算算就知道，這種「不課戶」不見得比一般「課戶」划算，而且沒有「不課戶」的優待，誰當得起府兵？

首都在關中，全國各地的資源會朝這裡集中，所以這裡多一點「不課戶」還不會造成地區經濟問題。但相對地卻埋下了後來唐朝軍事和財政運用上的根本困擾。

02 從府兵任務看虐戍、逃戍現象

府兵制有很多好處，國家不用出錢養兵是其一。其二，兵源明確，都登記在戶籍上，戶籍又是靠授田建立起來的，有高度的穩定性。這種和土地聯繫在一起的兵不會逃，也不會搗蛋騷動，因為他們都還要回到自己的土地，有土地牽拉、限制著他們。

其三，這些都是國家的兵，可以將兵和將分離開來。管理和訓練府兵的，是「折衝都尉」和他的副手「果毅都尉」，他們隸屬於折衝府，府兵被動員去打仗或戍邊時，他們是不會跟著去的。打仗或戍邊是由朝廷派將領統率的。如此，兵和將分開，不會有將帥一直帶著同一群兵，以至於變質成為「私兵」的問題。

府兵有三項明確的任務：宿衛、鎮戍和征伐。不過府兵要承擔的這三項功能，在現實上是不平衡的。高度集中在關中地區的安排，使得宿衛很方便、很有效，相對地卻使得必須派到邊境去鎮戍很不容易。唐朝初年這個問題不大，因為種種因素湊泊下，這是中國對外關係相對最好的時代。唐太宗成為「天可汗」，周遭其他民族都接受中國的超越地位，不會輕易挑釁。

從唐太宗開始，歷經高宗、武周，陸續在邊界設立六大「都護府」，北境上由西到東分別是安西、北庭、燕然、單于、安東，另外南境上有安南。都護府就是鎮戍的中心，由府兵提供人力，保護國境不受侵擾。但很明顯地，從廣設府兵開折衝府的地方，到這些都護府，可說路程遙遠，燕然、單于還近一點，安西、安東、安南可就很難到了。尤其在兵農合一的情況下，來去要花這麼多時間，怎麼可能利用農閒時間服役呢？

要去戍邊，就必然會錯過農時，影響農業生產，這是第一個問題。再來，到了那麼遠的地方，長途跋涉又沒有人照顧，經常有病有死。負責都護府管理的人很快就發現，派來鎮戍的府兵如果生病了，與其費力救治，還不如讓他們死。鎮戍本來就是備邊，對外關係穩定的年代根本沒有什麼事，多一個少一個不礙事，而死在那裡的人帶去的財物就理所當然被管理者接收了。

於是從不照顧、不救治又惡化為「虐戍」的風氣，當地的管理者想方設法讓來戍邊的人回不去，變相搶奪他們的財物。這種事情又傳回內地，大家逐漸視鎮戍為畏途，能躲就躲，能逃就逃。「逃戍」就成了府兵制中大家爭奪的特權，有辦法的人都逃了，鎮戍更進一步就由那些少數沒辦法、沒資源的人來承擔。他們一去到都護府，往往等不到來接替的人，三年五年都回不來，鎮戍有去無回的情況就更加嚴重。

「逃戍」先是破壞了原本公平的動員安排，接著連帶破壞了戶籍制度。有人為了逃戍，乾脆搬到沒有折衝府的地方，以至於哪裡有折衝府，那裡的男丁就大量減少，有的是規避戶籍登錄，有的是真的遷徙遠走了。於是儘管折衝府數量維持一定，能徵到的兵卻不斷減少。

03 〈新豐折臂翁〉道出府兵制的崩壞

唐玄宗開元年間，設立了十個「節度使」，邊境上的武備也逐漸和府兵脫離開來，由特任的人員來「節度」，也就是視情況調度。這本來是一時的權宜安排，就是因為府兵不再能支應鎮戍的人力需要，不得不想另外的方法。

節度使是朝廷承認府兵無法支應戍邊需求，授權一個人在當地募兵，也就是讓這裡的兵脫離原來兵農合一的制度，另行處理。不是兵農合一，無法耕種生產，就需要養兵的經費。經費從哪裡來？從朝廷賦予節度使的特殊財稅權力，將本來該交付中央的資源留在當地以募兵、養兵。

之所以會出現節度使，一方面是必須面對府兵制的嚴重限制，另一方面則源自大唐對外關係的改變。都護府可以應付承平時期，但後來西南有吐蕃，北方有回紇和突厥，這三股力量都日益壯大，和大唐的關係也愈來愈緊張。原本設立都護府的一些關鍵位置，現在不只有鎮戍的需求，還升高為抵擋攻擊、乃至出戰征伐的程度。

從唐高宗開始就有節度使，其數量及管轄範圍不斷增長，相對地，原來的府兵功能節節退化。在文學史上留下了一篇作品，可以讓我們清楚看出府兵制的崩壞時間點。那是白居易的〈新豐折臂翁〉，是文字極其明快淺白的一首詩：

新豐老翁八十八，頭髮眉鬚皆似雪。
玄孫扶向店前行，左臂憑肩右臂折。
問翁臂折來幾年，兼問致折何因緣。
翁云貫屬新豐縣，生逢聖代無征戰。
慣聽梨園歌管聲，不識旗槍與弓箭。
無何天寶大徵兵，戶有三丁點一丁。
點得驅將何處去？五月萬里雲南行。
聞道雲南有瀘水，椒花落時瘴煙起。
大軍徒涉水如湯，未過十人二三死。……

詩中描述遇到了一位八十八歲的長壽老人家，由第五代的玄孫扶著，不過老人家的手臂怪怪的，右手垂著的是隻斷臂。這引發了作者的好奇心，問老人家什麼時候、什麼原因斷臂的？

老人家回顧，小時候過太平日子，在時代風氣影響下，愛聽音樂也愛看戲，從來不知道要耍槍弄劍。但是到了玄宗天寶年間，卻被徵兵了，家裡三個男丁就要有一個去當兵。徵調了之後去哪裡呢？在五月裡遠行去到萬里之外的雲南啊！光是瀘水的傳說就夠嚇人了，椒花凋謝的季節會有濃厚的瘴癘之氣籠罩，大軍渡過瀘水，還沒過完就先折損十之二三了。聽說要去的雲南那麼可怕，鄉里間的反應是：

村南村北哭聲哀，兒別爺娘夫別妻。
皆云前後征蠻者，千萬人行無一回。
是時翁年二十四，兵部牒中有名字。
夜深不敢使人知，偷將大石捶折臂。
張弓簸旗俱不堪，從茲始免征雲南。……

全村都是哀號聲啊，兒子告別爹娘，丈夫告別妻子，只要是被調去雲南打仗的，幾萬人去了沒有一個回來的。這位老人家被徵兵那年二十四歲，當知道兵部的名單上有自己，就做了一個決定，在深夜裡偷偷拿大石頭把自己的右臂硬是敲斷了。從此之後，右臂使不來，既沒辦法拉弓，也沒辦法搖旗，到部隊裡什麼用都沒有，是個廢人，因此才逃過了不用去雲南。

骨碎筋傷非不苦，且圖揀退歸鄉土。
此臂折來六十年，一肢雖廢一身全。
至今風雨陰寒夜，直到天明痛不眠。
痛不眠，終不悔，且喜老身今獨在。
不然當時瀘水頭，身死魂孤骨不收。
應作雲南望鄉鬼，萬人冢上哭呦呦。

老人言，君聽取。

君不聞開元宰相宋開府，不賞邊功防黷武。

又不聞天寶宰相楊國忠，欲求恩幸立邊功。

邊功未立生人怨，請問新豐折臂翁。

用石頭砸自己手臂，連骨頭都碎了，怎麼能不痛呢？但因此才能回鄉，不必出征。過了六十年四肢少一肢的生活，每到下雨或天冷時，斷臂就會痛到無法入睡的地步。但是再怎麼痛都是值得的，不會後悔自殘的行為，就是這樣才能只剩自己還活著，要不然當年就死在雲南瀘水了，連屍骨都無法還鄉，化成萬人塚上不斷哭嚎的望鄉鬼。

年輕人，要記得老人說的，時代的關鍵轉折處就在從開元到天寶這幾年。宋璟當宰相時，避免獎勵在邊境上立功的人，以防止武人為了貪功而輕起衝突，但到了楊國忠當宰相時就徹底變了，用邊境上的勝利來討好皇帝。如果要知道這種做法產生的結果，就問新豐折臂翁吧！

04 方鎮兵力遠超過彍騎，長安三度陷落

這首詩的背景是天寶年間南詔王和當時的雲南太守有嫌隙，於是造反出兵，朝廷在楊國忠主事下，於天寶十年、十二年兩度對南詔用兵。因為已無府兵可用，便對陝西、河南等地百姓強行徵兵，因而引發了民怨。大約在天寶八年左右，府兵制實質上瓦解了。「新豐折臂翁」靠自殘躲避徵兵，後來更多人是靠腳，有徵兵令來，寧可逃離家鄉。

府兵瓦解了，邊防只能靠節度使，節度使益發重要。而且在節度使的選用上，援引了過去的傳統，將較早進入中國、依附唐朝的胡人作為緩衝，對抗更後面新興的胡人勢力。北方突厥興起，形成了巨大威脅，便優先任用邊境上生活的胡人來構成防線。

史書中描述安祿山是「營州雜胡」，也就是已經從草原地帶進入農業區的人。府兵沒有作用了，節度使要在地方上募兵，這種身分的人出面也容易招募到和他同樣的「雜胡」來當兵。這種地方上募來的兵，叫做「方鎮兵」，又叫「藩鎮兵」。重點在「鎮」，「鎮」是特殊的軍事單位。「方鎮」指的是這些鎮分布在邊境各方，「藩鎮」指的是這些鎮各有其統轄的區域、範圍。

府兵瓦解了，不只是邊境必須募兵，到後來連關中京畿的防衛也轉而必須靠募兵。中央朝廷募的兵，相對叫做「彍騎」。但很快地，彍騎與方鎮兵的規模有了愈來愈大的差距。到安史之亂

（西元七五五年）爆發前，大唐帝國全部兵力約五十七萬人，其中彍騎只占了八萬，其他全是方鎮兵。

這樣的不均衡分配早已預伏危機，更不尋常的是，安祿山一個人竟然兼任范陽、平盧、河東三個節度使。范陽擁兵九萬一千人，光是這一個地方的兵力就已經超過彍騎，更何況還有河東控有的五萬五千兵力，以及平盧的三萬七千五百兵力。

這是安祿山格外受寵的驚人安排，讓他手握這麼龐大的兵力，要叫他不受誘惑將兵力用在備邊之外的其他地方，說實話也很難吧！安祿山會反，最根本的原因在於方鎮兵快速膨脹，這些節度使都清楚：自己所掌握的兵力，已經遠超過保護大唐天子的彍騎了。

安祿山一反，很快地長安就淪陷了。玄宗只好逃到四川去，過程中經歷路上絕糧，又有「六軍不發無奈何」（〈長恨歌〉），楊國忠在馬嵬驛被軍隊分屍，皇帝只好下令賜死楊貴妃。玄宗落魄一身，同時太子走相反方向，往北到了靈武，玄宗在自己不知道的情況下，被踢上去成了太上皇，由太子李亨即位。玄宗莫可奈何，不想接受也得接受。

到這個時候，我們印象中的那個大一統的大唐帝國實質上已經結束了。看看大唐帝國的首都，當時號稱全世界最繁華的城市長安，從西元七五五年到七八三年，不到三十年的時間裡，竟然三度陷落。第一次是安祿山的軍隊攻進來，第二次淪陷於吐蕃軍隊，還有第三次，是落入涇原鎮譁變士兵的手中。

這二十多年間，從玄宗、肅宗、代宗到德宗，都在變亂中惶惶不可終日。相較於之前的漢帝國，唐帝國從此沒有了自己的武力，中央朝廷的軍隊遠遠比不上各藩鎮擁有的。但唐朝到底還是延續下來了，安史之亂總算還是平定了，那麼關鍵的歷史問題轉而在於：安史之亂是如何平定的？沒有了武力的中央朝廷是如何維持下來的？

05 安史之亂是如何平定的？

安史之亂不是靠大唐帝國原有的軍隊平定的，郭子儀、僕固懷恩這些名將也是用類似節度使的方式去募集、建立軍隊，朝廷給了他們一塊地盤，授權他們運用那裡的資源來募兵，以便阻擋、反擊叛軍。因為是在分配給自己的地盤上建立的軍隊，他們有高度的動機對抗外來的軍隊，但也因為如此，他們沒有那麼高的動機移動到遠方出擊。

不管是朝廷這邊的軍隊，還是叛軍那邊的，都帶有「私兵」的性質。在自己的地盤上能夠將外來的勢力驅趕出去，等到坐大到一定程度，離開地盤去打別人就常常打敗仗，如此攻防拉鋸。奉大唐天子號令，在當時相對仍然比較容易募集軍隊，然後再來想辦法「招降納叛」。真實狀況就是，動亂地區不斷進行合縱連橫，軍隊不斷換邊對抗。

那樣的局勢並不是郭子儀、僕固懷恩等帶領著完整的部隊，一路征伐叛軍，而是存在著許多各擁兵力的節度使，有些人效忠朝廷，有些人和安、史結盟，隨著戰況發展，兩邊陣營都不斷變換著。

對大唐朝廷來說比較幸運的是，從安祿山、安慶緒到史思明、史朝義，一直沒有建立起明確的制度，因而他們陣營的內鬨比朝廷這邊還嚴重。安祿山和史思明都是被自己的兒子背叛所弒，混亂中也就有愈來愈多的人轉而帶著部隊投靠朝廷。在穩定性的競爭中，朝廷贏了。

這也就決定了平亂後帝國的狀況。曾經跟隨安祿山、史思明的四位將領，在亂後領有四個勢力龐大的藩鎮：相衛鎮的薛嵩、幽州鎮的李懷仙、魏州鎮的田承嗣和恆州鎮的張忠志。他們四人帶著軍隊反過來相助於朝廷獲勝，也因此這四大鎮基本上只是宣示效忠朝廷，實質上並不受中央節制。他們取得了在自己的地盤上做主的自由，以此為條件來幫助朝廷。朝廷得到了面子，必須以權力和資源的裡子作為交換代價。

具有高度歷史象徵意義的，是發生在西元七五八年的鄴城之戰。這場戰役中，朝廷官軍匯集了九大節度使，由宦官魚朝恩督軍，圍攻安祿山死後帶領叛軍的安慶緒，將他困在叛軍的首都鄴城。當時雙方兵力並不相稱，朝廷這邊比安慶緒那邊強大得多，安慶緒急忙向史思明求援。戰役最後的結果卻是官軍大敗，史思明趁亂殺了安慶緒，從此結束了安史之亂屬於安祿山、安慶緒安家的前段，開啟了屬於史思明、史朝義史家的後段。

一般傳統說法，魚朝恩要為敗戰負很大責任，他不懂軍事，卻要九大節度使接受他的命令。

不過若是深入一點看，就會明白真正的關鍵在於這裡根本不存在一支中央部隊，而是由隸屬於九大節度使的兵力聯合行動。尤其是九位節度使中包括了郭子儀和李光弼，這兩位節度使勢力相當、地位相當，給朝廷帶來了大難題。讓郭子儀當統帥，李光弼一定不服；反過來讓李光弼當統帥，郭子儀也一定不服。所以只好派了皇帝最信任、而且和九大節度使都保持等距關係的宦官去處理這個場面。

郭子儀叫不動李光弼的軍隊，李光弼也叫不動郭子儀的軍隊，最終則是九大節度使誰也不會真心願意聽魚朝恩的調度，這樣的仗要怎麼打得贏？再看最後決定戰局勝負的史思明，他在鄴城之戰不到一年前曾經投降朝廷，立刻被封為范陽節度使，後來又轉而叛離，他其實也很有可能加入官軍這邊，一起去打安慶緒啊！如此我們也就明瞭，節度使將軍隊私有化，朝廷不再能控有軍隊，是安史之亂在歷史上引發的最大變化。

06 中央之外環繞藩鎮，朝廷無力節制

安史之亂後，情況只有變得更嚴重。原先藩鎮主要在邊境上，因應邊防需要，所以控管賦

稅，建立自己的軍隊。安史之亂後，這些藩鎮都沒有收歸中央，進而在府兵無法恢復的情況下，朝廷就將節度使設立為新的地方制度，在非邊境地區也廣設節度使。只要認定有軍事需求之處，就設立一個節度使，朝向地方分權發展。節度使於是變成一個個地方上獨立自主的單位首長，所占的區域範圍愈來愈廣。

原本的州—縣二級制變成了道—州—縣三級制，主要是朝廷的能力大幅下降，不再能一一管控那麼多的州，從州的層級去管理縣。於是便任命「道觀察使」，由道來管州，再由州來管縣。這是中央管轄上的一種妥協與退讓。

道觀察使理論上是民政官職，但現實上幾乎所有的觀察使都兼任節度使，也就是民政與軍政重疊。如此，在歷史理解上經常會造成混淆。安史之亂後，唐朝的節度使有幾種不同的性質。一種是原本邊境留下來的節度使，他們蛻化為藩鎮，擁有自己的軍隊，也有自己的賦稅財政收入，基本上不受朝廷節制，只在形式上表現效忠朝廷。

此外，與邊境藩鎮相鄰的，有另一種由中央派任的節度使，也就是各道的長官，除了觀察使外又多加了節度使的頭銜。那是因為節度使聽起來權力比較大，所以各道長官都希望在觀察使身分外再加授節度使，到後來就幾乎成了慣例。這種節度使是不能自主處理賦稅和軍事的，屬於由朝廷控制的地方制度的一環。

前一種節度使，歷經好幾位皇帝都沒有辦法將他們置於朝廷控制之下，一直維持著實質獨立的情況。後一種節度使，隨著時間推移，有一部分也逐漸坐大，朝向前一種節度使看齊。而藩鎮的獨立性最清楚顯現在節度使的繼任方式上。既有的節度使朝廷是動不了的，這毫無疑問，他們幾乎都在任上當到死，那麼等他們死了怎麼辦？

第一種方式是「襲」，就是由弟弟或兒子繼承，向朝廷通報，由朝廷承認。第二種是「擁立」，例如平盧節度使王玄志死了，他的一名部將李懷玉擁立侯希逸繼任，也是向朝廷通報，朝廷不得不承認。侯希逸原本先當平盧節度使，他動員了平盧的兵力，進入淄州和青州，占住這兩個地方。這兩個地方原本屬於中央節度使的管轄範圍，但不敵平盧的兩萬兵力突襲，朝廷面對這種狀況也無可奈何，只得讓侯希逸擔任「平盧淄青節度使」。

藩鎮表面上仍是由朝廷任命，但中央沒有真正決定人選的權力，只能針對當地已經做好的安排予以承認。不只如此，有時藩鎮以武力擴張，有時也會因為武力不足而被別的強藩侵犯，基本上朝廷也都一概予以承認。這是中唐以降現實的政治狀況，在中央之外，環繞著許多藩鎮，而且藩鎮的勢力範圍會不斷變動。

德宗剛即位時，曾經試圖打破這種局面。成德節度使李寶臣去世，由他的兒子李惟岳繼承其位，報到朝廷，德宗皇帝卻不同意，於是李惟岳就反了。

德宗派了淮西節度使李希烈去討伐李惟岳，在這過程中牽動了附近的其他大藩。到建中三年（西元七八二年），有四個大藩明白地以稱王的方式，表現出不接受德宗的強勢作風。他們是朱滔、田悅、王武俊、李納，分別自稱為冀王、魏王、趙王、齊王，但仍然奉唐德宗的年號，也就預留了和朝廷和解的後路。最重要的是，他們以此姿態顯示他們認同的政治結構不是秦漢以來的帝國，而是周代的封建，唐德宗是天子，他們是諸侯，他們願意奉德宗為共主，卻絕對不能接受德宗干預他們藩內的繼承事務。

如果皇帝不承認藩鎮既有的權力，他們控有隨時可以威脅皇帝的軍隊，一旦叛亂，後果難以收拾。幾個強藩不只自己稱王，還打算擁立李希烈，最終成功慫恿了涇原鎮的軍隊倒戈，在西元七八三年攻進長安，造成前面提過的長安第三次陷落，德宗倉皇出亡。

後來在陸贄的建議下，德宗下詔罪己，才讓情況穩定下來。局面能夠穩定，終究還是要靠藩鎮間彼此牽制，於是藩鎮的勢力更大，朝廷更不可能規範藩鎮了。

07 以安史之亂為界，判若兩朝的大唐

《舊唐書》中說郭子儀：「權傾天下而朝不忌，功蓋一代而主不疑，侈窮人欲而君子不之罪。」明白地說他「權傾天下」、「功蓋一代」、「侈窮人欲」，這都源自他握有自己的軍隊，擁有巨大的權力。但郭子儀和其他人最大的不同處，之所以能「朝不忌」、「主不疑」、「君子不之罪」，是因為他做足了所有對朝廷效忠的外在儀式，甚至願意接受朝廷將他的節度使頭銜拿掉。

但實際上他從來沒有真正失去對兵權的掌握，也就不可能真正失去朝廷和皇帝對他的依賴。

唐朝歷史上有所謂的「憲宗中興」，主要指的就是中央和藩鎮的關係，皇帝強悍起來，整肅了好幾個強大的藩鎮，在管控節度使上遠勝過前面幾位皇帝。的確，憲宗朝沒有出現像德宗時的動亂，沒有讓任何一個強藩挑戰朝廷權力，不過畢竟他採用的方式，仍然是以能指揮得動的節度使去對抗、收拾有問題的節度使，拉攏大的節度使來處理實力小一點的節度使，或是聯合多數的節度使來對付單一、少數的節度使。這種手腕上的成功，並沒有改變藩鎮的基本架構。

歷史上一般將漢唐並稱，然而理解了中唐以後的政治局勢，相較之下，會更驚訝於漢帝國的早熟。在《不一樣的中國史》第三冊說過，「早熟」指的是在各種相關統治基礎與組織技術都尚未具備的條件下，竟然就在中國出現如此龐大的帝國。漢朝的中央官僚體制、國家對於地方的掌控，以及軍事秩序，在這幾個關鍵領域，都比唐朝好得多。

唐朝的實際狀況，和後世所賦予的帝國歷史地位及想像，可能並不相符。唐朝大部分的時候，中央朝廷很弱，雖然武人很多、軍隊很多，但朝廷能夠直接支使的卻很少。只有在王朝前半段，才是中央可以充分掌握兵制和軍隊的時期。從西元七五五年之後，絕大部分的時間裡，唐朝的國土是分裂的，只是分裂沒有公開化，繼續襲用大一統帝國的表面制度與名稱。此外，沒有形成朝代遞換，雖然幾度風雨飄搖，但一直都有李姓的唐朝皇帝延續著。這些實質獨立或半獨立的藩鎮，即使是朱滔他們，也只是稱王，沒有要將大唐取而代之。

中古歷史的特性之一，是朝代觀相對薄弱。所謂「朝代」，最核心的觀念是認定有一個中央的權力會一直不斷地延續下去，不會改變，這是縱軸上的時間觀。還有空間觀，即認定「溥天之下，莫非王土」，要將這份中央的統治權力盡量擴張到所知最廣遠的區域，至少是擴張到文明領域的邊界。

「十國」的存在方式就是違背朝代原則的。它們不隸屬於一個中央朝廷，而以分裂的形式存在著。「十國」源自唐朝的藩鎮，藩鎮也只是形式上隸屬於中央，唐朝並沒有要積極地取消藩鎮的地方獨立性。不像之前的漢朝，從漢高祖一直到漢武帝，努力地取消了封國，將統治權都收束到中央朝廷來，那是典型的朝代建構。或是後來到了明代，從朱元璋到朱棣，非常積極、堅持地要統一全國，不只要降伏每一個「國」，而且要確保不讓任何武將獨立運用兵權。那就是朝代原則的重建。

唐太宗成為「天可汗」，從一個角度看，是取得了協調這些外圍部族關係的地位；但從另一個角度看，也是承認了天下之大，有不屬於皇帝統治範圍內的地區，要採取不同的關係模式，這也是對於原本朝代觀的一種退讓。

唐朝的一些強藩，的確像是返回了周代的封國，擁有自己的軍事、財政權力，和中央分庭抗禮。這樣的局面導致後來「五代十國」的變化。歷史上分稱「五代」和「十國」，「五代」是朝代，「十國」是地方政權。有朝代同時又有地方政權，這樣的情況不是到唐朝滅亡後才出現的，而是可以上溯到中唐，朝廷歸朝廷，朝廷之外存在著許多獨立的地方政權，只是這個中央朝廷維繫得好一點、久一點，不像後梁、後唐、後漢、後晉、後周在亂局中快速興滅。

唐朝雖然不像漢朝分為前漢、後漢，表面上看起來一直延續了將近三百年，但內在以幾乎覆滅唐朝的安史之亂為分界線，之前和之後的情況其實「判若兩朝」。從實際的政治局面和架構看，之後的唐朝還比較類似「五代十國」，差別只在那些強藩沒有取得明確的國名，朝廷和地方政權共存分據的情況反倒是延續而非斷裂的。

將近三百年的唐朝，自中唐以後，朝廷能夠管轄的範圍其實一直在改變。到了五代，五個王朝的統治疆域也有很大的變化，很難說是真正的中央政府，毋寧只是政權前後銜接、有其連續性，才變成了「朝代」。相對應的，是有很大的區域不在這五個朝代控制之內，形成了所謂的「十國」。從一個角度看，十國是分裂的；但換另一個角度看，十國的狀況比五代來得穩定。它們存在的時間不只長於五代的任何一朝，甚至有的比五代加起來還要長。

這就造成了歷史觀點上的困擾。正史是以五代為主軸來描述、記錄歷史，相對輕忽十國。但回到那個時間點上，其實誰也無法確定接下來的歷史是會由統一的朝代延續，還是產生長期分裂的局面。五代並非必然就比十國重要，將眼光放在五代上，是看不到當時歷史的複雜全貌的。

08 從地方分權的中古走向中央集權的近世

宋朝建立，不只結束了五代十國，也結束了中國歷史的「中古」時期。中古的共同特性就在於中央朝廷沒有那麼高度的控制力，即使唐朝也如此。中央不強，相對地，分裂的傾向就比較大。北宋之後的「近世」階段，中央朝廷的重要性重新壓過了地方。

唐朝不是一個統一的帝國嗎？是，但其統一的強度不高，很多時候地方擁有很高的自主性。倒過來，宋朝不是積弱不振，以致從北宋變成南宋，北方淪陷，成為分裂的局面嗎？是，但我們不能忽略在宋朝統治的範圍內，是嚴格的中央集權狀態，而且社會上有著對中央高度的認同與效忠。宋代絕對不可能容許出現武人在地方上侵犯朝廷權力的情況。相對地，唐代從朝廷到藩鎮都沒有一種需要建立中心去統一所有地區的強烈衝動，大家都能接受獨立的地方分權現實。

宋朝建立的最大意義之一，就在於徹底取消了武人據地為王的情況，甚至釜底抽薪，取消了這種情況出現的根本條件，也就是結束了中古的地方分權傾向，重建了大一統中央集權的信念與原則。

信念原則不見得必然產生事實，然而在信念原則的層次上，宋代明顯和唐代不同，這項歷史分野值得我們特別留意。

唐朝建立了科舉，由宋朝繼承。科舉是中央人才晉用機制，關鍵作用在於打破原本世族對於人才的壟斷，可是從中唐之後，科舉及其相關的機制，也就因為地方勢力興起，不得不從藩鎮控制的區域撤退。因此，雖然同樣是科舉，宋代科舉的影響力遠超過唐代。宋代科舉不只覆蓋了全國所有地區，而且衍生出整套近世中國的文人文化。

新的一統架構下，地方分立的障礙取消了，宋代得以建立起城市商業網絡，促進了繁榮的貿易發展，創造了富裕的城市生活。這樣的環境又使得文人在官場政治追求之外，有了琴棋書畫等明確的文化身分，衍生出音樂、書法、美術等高度成就。

不一樣的中國史 ⑦
從女帝到胡風，盛世裂變的時代——隋、唐

作者 / 楊照

副總編輯 / 鄭祥琳
副主編 / 陳懿文
特約編輯 / 陳錦輝
封面、內頁設計 / 謝佳穎
排版 / 連紫吟、曹任華
行銷企劃 / 舒意雯
出版一部總編輯暨總監 / 王明雪

發行人 / 王榮文
出版發行 / 遠流出版事業股份有限公司
地址 / 104005 台北市中山北路一段11號13樓
電話 / (02)2571-0297　傳真 / (02)2571-0197　郵撥 / 0189456-1
著作權顧問 / 蕭雄淋律師

2021年1月 1 日 初版一刷
2021年9月20日 初版二刷
定價 / 新臺幣380元 (缺頁或破損的書，請寄回更換)

ISBN 978-957-32-8929-6
遠流博識網

http://www.ylib.com
E-mail: ylib@ylib.com
遠流粉絲團 https://www.facebook.com/ylibfans

國家圖書館出版品預行編目（CIP）資料

不一樣的中國史. 7：從女帝到胡風，盛世裂變的時代-隋、唐 / 楊照作. -- 初版. -- 臺北市：遠流, 2021.01
面；　公分.
ISBN 978-957-32-8929-6(平裝)

1.中國史

610　　109020133